그대와 삽시다

김연희·이승재

진실을 준거의 지팡이로

감사로

 조직화된 시대를 살아가는 현대인은 조직에서 배우고 성장한다. 산업사회에서 가정보다 더 많은 시간과 열정을 쏟아내는 조직생활이 사랑으로 넘쳐나기 기대한다. 경쟁과 시기 그리고 질투로 점철된 모습은 사랑은 어울리지 않는 것이 당연하다 치부한다. 인생의 전환점에서 고백록을 발간하면서 조직인의 한 사람으로 사랑과 칭찬이 넘치는 문화를 만들고 싶은 세상에 작은 희망을 담았다. 일상의 이야기를 출간하는 데 가장 큰 장애는 과연 유용할 것인가 하는 회의적인 생각이다. 일상의 기록이 먼 미래에 누군가에게 의미를 던질 수 있다는 기대로 쥔 펜을 놓지 않는다. 현대인의 조직생활이란 조심하며 근신이 지나쳐 투명한 어항에서 사는 물고기와 같아서 일거수일투족이 노출되고 평가받는 자리라 조심하고 튀지 않아야 한다. 새로운 도전에 갈증을 느끼는 젊은 사람이라면 조직 생활을 벗어 던지고 자유로운 세상으로 달려간다. 몇몇 유능한 후배가 사회에 진출해서 더 큰 성과를 내고 있기도 하다. 퇴근 이후의 시간마저도 철저하게 검증받는다. 그렇게 하루하루가 쌓여 오랜 시간이 지나면 우물 안 개구리가 되고 만다. 세상은 변하는데 그 변화를 인지하는 속도는 뒤처져 퇴직이 임박하면 불안감이 엄습한다. 조직인의 어항을 벗어나 파도치는 바다에서 과연 살아남을 수 있을 것인가를 염려하는 마음이 생긴다. 어느 하나도 할 수 없을 것 같은 불안감은 사명감 하나로 천직으로 여기며 생활한 사람이라면 더 크게 증폭된다. 순간을 열심히 살았으므로 세상에서도 그 성실함이 통할 거라 믿는다. 조직인이 책을 발간하거나 강의를 통한 세상과의 만남은 쉽지 않다. 휴일이나 짜투리 시간으로 능력을 배양하는 노력은 오히려 장려되어야 함에도 현실은 정반대다. 책을 발간한 기념으로 기증을 하면 꼼꼼하게 읽고 의견을 주는 이는 거의 없다. 책은 읽히지 않고 바로 거의 대부분 휴지통으로 버려지는 신세가 된다. 사무실에서 읽어야 할 자료들이 쏟아져 나오는 환경에서 책 한 권이 주는 의미를 발견하기 쉽지 않을 거다. 거기까지는 이해한다. 억울한 누명을 쓰는 경우는 다반사다. 업무에 소홀하고 개인의 영달을 위해 글을 쓴다는 오해를 받기 십상이다. 최선을 다해 노력하는 모습을 격려하고 모방하려는 마음보다, 폄하하는 태도가 일상화된 현실을 직시하면서 재직자가 책을 발간하는 건 모험에 가깝다. 때문에 책을 세상에 드러내더라도 큰 반대가 없다 싶을 때 출간하기로 한다. 하나하나에 영혼과 철학을 불어넣는 사명감과 책임감 있는 현대인이라면 마땅히 인정하고 존중하는 자세를 가지게 될 것이다. 적어도 나 자신은 그렇게 사무실의 문화를 만들어가는 노력을 순간순간 하겠다는 다짐으로 책을 발간한다.

김연희, 이승재

Contents

감사로 / 3

그대와 삽시다
- 일상 그리고 신기루

∎

∎

∎

이반 일리치의 죽음** / 12
레스터의 지혜 / 16
지혜로 사는 방법 / 19
곰탕 맛집 가는 길 / 24
물들지 않는 지혜 / 28
50대 이후를 위한 수상록 / 31
〈방편1〉 여행을 떠나라 / 34
〈방편2〉 공 / 35
〈방편3〉 한 생각, 이삭줍기, 집중 / 37
〈방편4〉 책임 / 39
작가의 변화 / 40
난꽃 / 41

수요일에 쓴 일기 / 43
떨어지지 않는 낙엽 / 45
아메리카노와 에스프레소 / 47
마지막을 명심하라 / 49
흐린 날 / 50
1/2 / 51
믿음과 암기 / 52
다양성 / 54
꿈 / 55
커피 타임 / 58
돈에 관한 생각 / 60
글 쓰는 기쁨과 위안 / 62
상념 / 64
그럴 수도 있지 / 67
관념을 가진다는 것 / 69
휴일에 출근 / 70
노년 존중 / 72

솔직함에 대하여 / 73
떠나는 사람 보내드리기 / 74
유튜브에서 본 미래 / 77
나는 환생을 믿지 않았다를 읽고 / 79
인간의 관점 / 81
자연의 -막연한- 이치 / 83
말이 많고 톤이 높은 이유 / 85
에너지와 사랑 / 86
에너지의 흐름 / 87
왼팔이 한 일을 오른손이 모르게 / 89
코로나 19 확산의 두려움 / 91
듣기와 보기 / 92
평가의 팁 / 94
하소연 / 96
수신차단 / 100
내장탕 국밥 한 그릇 / 102
도시락 포장 / 104
책과 도서관 / 106
생각과 사유 / 108
인사이동 / 110
저출산 해법 / 112
책 선물 / 115

기분좋은 날 / 117
퇴직이 다가오면 / 118
귀인과의 만남 / 120
문자 강좌** / 123
낚시대 / 133
같은 경험 다른 느낌 / 135
사랑의 거리 / 138
학령인구 감소와 코로나19 그리고 교육** / 139
세상에서 합리성 찾기 / 142
국가교육위원회 출범** / 145
소설 일상 / 149
새벽을 여는 까닭 / 151
대출 권하는 사회 / 152
즐거운 상상 / 154

더하기
짧은 글(aphorism)
∎
∙
∙

사랑하는 딸 아들아 / 158
post-truth / 163
서비스 산업의 발달 / 164
부가가치 높이기 / 165
감추는 미덕, 드러내는 용기 / 166

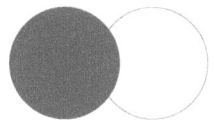

그대와 삽시다

이반 일리치의 죽음**

스스로 나는 누구인가?, 어떻게 살 것인가?는 질문에 -잠정적으로- 사랑과 수용(받아들임) 그리고 관용(용서, 흘려보냄)의 마음에 물주고 가꿔 성장하는 데 있다고 응답한다. 왜 성장하냐고 묻는다면 행복과 기쁨의 원천이라고 답한다.

진실은 단순하다. 복잡하게 보이는 세상 이치도 깨치고 보면 아주 쉽고 간단한 루틴인지도 모른다. 때문에 내 인생을 송두리째 바꾼 책도 너와 나, 우리 모두 피할 수 없어 알기 쉬워야 하고 가까이 해야만 하는 인간의 삶과 죽음을 제목에서 드러내고 있는 『이반일리치의 죽음』이다.

바로 작품 속으로 들어가 보자. 톨스토이는 비도덕적이고 잘난 등장인물은 가차 없이 죽음을 덤터기 씌워 버린다. 주인공이라도 봐주지 않는다. 주인공 이반 일리치도 작품 첫 페이지에서 죽어 부고장으로 등장한다.

"여러분, 이반 일리치가 죽었다네요." 뽀뜨르 이바노비치가 신문을 펼쳐보며 동료 판사들에게 말한다. 고등 법원 판사인 이반 일리치 골로빈이 1882년 2월 4일 운명했다. 그의 나이 45세에 톨스토이에 의해 죽음을 맞이하게 된다. 당시 러시아 평균 수명에 맞춰 주인공을 죽게 하는 저자는 그의 삶과 죽음이 특별나지 않아 너무나 평범하다는 시사를 독자에게 전하려 했을 것이다. 톨스토이도 그의 나이 58세가 되던 해에 마차에서 떨어져 죽음의 문턱에 서고 나서야 자신의 죽음을 내면화하고 일리치를 자화상으로 묘사한 것이리라1).

 이반 일리치의 죽음을 전해 듣고 동료 판사가 떠올린 첫 번째 생각은 고인의 자리를 누가 꿰찰 것인가였고, 다음은 자신은 죽지 않았다는 안도감이다. 타인의 죽음을 대하는 동료 판사들은 속내를 위선과 거짓으로 교묘하게 포장하는 데 능숙하다. 저녁에 약속이 있어 썩 내키지는 않으나 이목이 있어 의무감을 발현한다. 관행과 형식에 적합한 언행으로 행사 치르듯 조문을 마치면서 죽음은 자신과는 아무런 상관없다고 철저하게 죽음에 울타리를 친다. 아니 죽음에 대한 공포가 너무나 크기 때문에 인간이 살아가는 내내 그 생각을 멀리하는 것이다2).

 2장부터는 주인공의 삶을 소개한다. 언제나처럼 농축한 한 문장으로 독자에게 시작을 알린다.

"이반 일리치의 삶은 지극히 단순하고 평범했으며, 그래서 대단히 끔찍한 것이었다.『안나 카레리나』의 첫 문장3)에서 눈이 고정되고 생각이 정지되는 경험을 했다면, 단순함과 평범함을 끔찍함으로 연결하는 데 사유의 에너지를 아끼지 말아야 한다. 복잡과 성찰은 싫어 다람쥐 쳇바퀴 돌듯이 생활하는 현대인들에게 경종을 울린다. 지극히 평범한 주인공의 삶도 막상 따라하기는 쉽지 않다. 법학을 전공하고 판사로 재

** 월간 국회도서관. 내 인생을 바꾼 이 책. 2021. 11. Vol.495.에 실린 글이다.
1) 어느 가정이나 죽음을 경험한다. 아들을 잃어 슬퍼하는 어머니에게 부처님은 아들을 살리려거든 죽음을 경험하지 아니한 집을 찾아오라고 말한다. 톨스토이의 유년시절에 어머니, 아버지, 할머니, 고모의 죽음을 차례로 경험한다.
2) 이반 일리치의 죽음에 대한 동료 판사의 태도는 일리치의 아내도 별반 다르지 않다. 미망인은 남편의 사망 시 국가에서 받아 낼 수 있는 지원금으로 어떤 것이 있는가에 관심을 가진다. 이미 남편의 죽음에 따른 국가의 지원금의 종류를 알고 있었지만, 혹시라도 모를 또 다른 방법이 있는지를 알아내고 싶어 했다.
3) 행복한 가정은 모두 비슷한 모습이지만, 무릇 불행한 가정은 저마다의 이유를 안고 있다.

직하면서 승승장구하기란 상위 몇 퍼센트에 해당하는 성공한 사람에 속한다. 주인공의 삶을 이렇게 야박하게 평가하는 숨은 의도는 무엇일까 궁금했다. 막스 베버의 관료제 모형에 적합한 이반 일리치의 판단과 업무수행 방식은 사람에 대한 사랑과 연민을 찾을 수 없다. 형식주의와 문서(공식)주의에 정통하고, 승진과 보수로 자신(ego)의 욕구 충족만을 향해 달려온 인생 여정이라면 죽음 앞에서는 모두 물거품이 되어버리는 헛된 망상에 불과하다는 것을 독자에게 알려주려 한다[4].

 별로 대수롭지 않게 여겼던 옆구리의 통증이 이반 일리치의 삶 전체를 위협한다. 늙고 병들어 가는 피할 수 없는 운명 앞에서 우리 인간은 한없이 초라해져 간다. 저자는 만성병에 걸려 죽어가는 모습을 시간을 두고 자세하게 기술하면서 그 죽음을 독자의 것으로 받아들이고 성찰할 기회를 준다. 죽음이 끝이 아니라는 믿음과 확신으로 바로 설 때 구원받은 영혼은 불안과 두려움으로부터 해방된다.

 5장부터 마지막 12장까지는 병과 싸우다가 결국 받아들이는 과정을 그렸다. 병이 깊어 죽음이 다가올수록 사랑으로 애도하고 위로하지 않는 아내와 의사들의 태도에서 느끼는 절망감과 단절감은 불안과 공포로 몰아간다. 의사는 병을 치료하기는커녕 자신만의 지식을 뽐내고 자랑하느라 바쁘다. 아내와 딸도 그들의 입장에서 병든 환자를 불편한 존재로 치부한다. 그는 저주와 미움으로 되갚으며 고통의 수렁에서 벗어나지 못한다.

 아픈 주인을 멀리하고, 형식적으로 대할 때 유일하게 진심으로 대하는 진실한 게라심의 사랑이 주인공의 죽음이 끝이 아닌 삶의 영속으로 죽음을 재조명하는 질료가 되었다. 아내의 눈물, 아들의 입맞춤,

---

[4] 톨스토이는 현대인의 성공과 출세를 풍자적으로 묘사하고 있다. "출세라는 것은 중요한 직무를 수행할 능력이 없다는 게 분명히 입증되었음에도 불구하고 오랜 근속 연수와 관등 덕에 쫓겨나지 않고 자리를 보존하는 것을 의미했다."

게라심의 진심어린 위로와 공감은 사랑으로 열매 맺은 꽃이다[5]. 사랑으로 회개하고 받아들여 후회와 증오를 놓아버리면서 끝이 아닌 죽음과 만난 이반 일리치는 두려움이 없어지고 평안한 마음으로 죽어가는 과정을 즐기게 된다.
"갑자기 모든 것이 명확해졌다. 저들이 불쌍해. 저들이 더 고통받지 않게 해주어야 해. 그런데 통증은 어디로 갔지? 죽음은 어디로 갔지? 그는 그동안 익숙해진 죽음에 대한 두려움을 찾아보았지만 찾지 못했다. 죽음이란 것이 없었기 때문이다. 죽음이 있던 자리에 빛이 있었다."
 작품의 끝자락에서도 톨스토이는 인간의 실존적 한계를 은유적으로 표현하고 있다. "끝났습니다. 누군가가 그를 굽어보며 말했다. 이 말을 들은 이반 일리치는 마음속으로 되뇌었다. 죽음은 끝났어. 더 이상 죽음은 없어." 주변인은 주인공이 죽었다는 의미로 끝났다는 단어를 선택했지만, 주인공은 죽었다는 것이 끝났다고 확인하면서 죽음이 인생의 끝이 아님을 강하게 시사하고 있다.
 2016년 옥스퍼드가 선정한 올해의 단어는 post-truth 였다. 진실을 밝히려 들지 않고 참과 거짓이 주는 교훈보다는 눈앞의 이익에만 골몰하는 현대인의 모습을 풍자한 것이다. 물질문명과 이해타산으로 얽혀 인간을 기계화·수단화하는 현대사회에서 사는 우리는 이반 일리치의 삶과 죽음의 모습과 너무나 닮았다. 삶과 죽음으로 포장된 인생길에 사랑이 있어 하나 된다. 인간에 대한 깊은 사랑으로 인본주의가 바로 서기를 바란다.

---

[5] 사랑과 미움은 한 생각 일어나고 지는 것에 불과하다. 세상은 자신과 일체로써, 미움에서 사랑으로 관점이 바꾸는 순간 세상은 온통 사랑으로 덧칠하게 된다.

레스터의 지혜

전체를 관통하는 통찰력: 지혜

세상에 영민한 동물로 알려진 쥐가 쥐덫에 걸려드는 까닭은 쥐덫에 둔 유혹을 알지 못하고 바로 보이는 이익에 눈이 멀어서다. 통찰력과 지혜로 사물의 전체를 관통해 봐야 사사로운 눈앞의 이익 때문에 일을 그르치는 우를 피할 수 있다. 종이를 보면서 원료가 되는 나무가 햇살을 머금고 자라서 기계와 사람의 노력까지도 느끼는 능력을 키워 나가야 한다.

사람도 유혹에 약하기는 마찬가지다. 쥐가 먹잇감에 현혹된다면 인간은 돈과 명예가 행복을 보장한다고 착각한다. 돈과 명예에 집착하다가 진정한 행복을 누리는 기회를 놓친다.

저자 레스터는 진정한 사랑과 자유를 깨달아 지혜를 알아챘다고 한다. 진실로 사랑하는 마음이야말로 세상의 그 어떤 문제도 해결하는 만병통치약이라고 한다. 사랑은 삶의 표현이자 인간 사회에 없어서는 안 될 유용한 것이다. 자유란 깊은 평화를 자각하는 것이다. 진정하고 경계없는(무한한) 사랑으로 자유를 경험하게 된다.

인생은 여행 그 자체가 목적인 여행이다. 레스터의 지혜는 인생 여행에 도움을 줄 것이라고 한다. 욕구가 일어나면 기대와 실망 그리고 고통이 따라 온다. 사랑은 욕망을 넘어서 존재하는 그 자체를 받아들인다. 사랑에 관해 흔들리지 않는 확신을 지닌 사람은 삶을 대하는 태도도 남다르다. 삶은 그 자체로 온전하고 완전하므로 그 삶에 자신을 내맡기면 된다. 강물이 마냥 흘러가는 것처럼, 인생을 근심과 걱정으로 올가미 씌우려 들지 마라. 자연은 자연스럽게 옳은 방향으로 나아가기 마련이다. 우주만물 중에서 오로지 딱 하나 운명을 창조하는 인간의 마음만이 실수와 오류를 양산한다. 관점의 전환이 욕망을 사랑으로 전환하는 유일한 비법이다.

흘려버리기

사랑의 힘은 강력해서 원자폭탄보다도 강하다. 인간이 소망하는 슬픔 없는 행복이란 인간이 존재하는 그 자체로인 상태에서 발견할 수 있다. 행복을 체험할 수 없는 유일한 장애요인은 내가 세상과 단절되어 있다는 생각이다. 인간 자신을 제한적이고 한정적으로 인식함에 따라 완전한 자유와 행복을 느끼지 못한다. 이처럼 부족하다는 인식을 가지게 되면, 인간은 부족함을 채우려 한다. 외부로부터 부족함을 채우려 해도 그 부족함을 완전하게 충족할 수는 없다. 자연상태는 그 자체로 완전하므로 부족함이 없다. 그러나 전체에서 분리된 개체라는 잘못된 마음이 습관으로 자리잡고 있는 사람은 항상 부족하다는 생각에 사로잡혀 생활하게 된다. 부족하다는 인식이 잠재의식과 무의식에 붙어 습관으로 달고 있으므로 분리되고 소외되었다는 인식을 바꾸기가 쉽지 않다. 무의식을 파헤쳐 밝혀 분리하고 구분하는 마음을 흘려보낼 수 있다.

자연 상태에서 존재하기 위해서는 노력을 많이 해야 한다고 믿는다. 여기 지금 존재하는 건 전체적으로 완전하기에 힘들지 않다. 보고 듣고 느끼는 감각작용은 마음에 비친 모습으로 지각하게 된다.

사랑

 존재하는 모든 것의 원초적인 모습은 사랑이다. 자연 상태를 덮고 있는 가식덩어리가 본성인 사랑을 보여주지 못하고 고통으로 나타난다. 통상 사랑이라고 말하는 단어는 한정적으로 활용된다. 진정한 사랑은 우주만물이 일관적이고, 지속적으로 받아들여지므로 꽉차고, 완전하다. 따라서 조건없고 모든 사람에게 동등하게 같다.

우리 인간은 사랑하는 사람에게만 사랑하는 선택적 사랑을 한다. 한 사람을 사랑하면서 다른 사람을 싫어한다는 것은 사랑하는 사람을 필요로 한다는 것을 의미한다. 이런 조건적이고 베타적인 사랑은 진정한 사랑이라고 할 수 없다. 인간사랑이 이기적이고 제한적이라면 진정한 사랑은 이타적이며 경계가 없다.

궁극적인 행복

 대부분의 사람은 행복이란 고통없는 상태라고 정의한다. 고통을 회피하면서 행복을 추구한다. 그러나 진정한 행복이란 자기 자신의 본 모습을 정확하게 인식하고 머물 때 느끼게 된다. 생각을 멈추고 사물이나 사람을 그대로 인정함으로써 부족함이 없을 때 행복하다.

지혜로 사는 방법

 이옥 문집으로 조선시대의 상을 읽는다. 해학이 넘치다가도 군정 때문에 겪는 시민의 힘겨운 일상을 짚을 때면 선대의 고난이 오롯이 전달된다. 일기는 일기장에 쓰라고 빈정대기 일쑤지만 이렇게 시대를 뛰어 넘는 일상의 기록은 먼 미래의 후손에게 신선한 느낌과 많은 생각거리를 준다. 지금의 일상이 먼 훗날을 사는 사람에게 호기심 천국으로 안내할지도 모를 일이다. 일기를 써 남겨 두는 데 주저할 이유가 없다.
 루소의 이야기다. 루소가 아내와 여행지에서 경험한 즐거운 이야기다. 유원지에서 휴가를 즐기고 있을 때, 다수의 어린이를 인솔하는 교사를 따르는 아이들의 시선을 뺏은 것은 다름 아닌 과자 장수다. 어깨에 짊어진 과자는 돈이 있어야 구입할 수 있다. 돈을 가진 아이는 선생님의 허락을 받기 위해서 안달이고, 돈이 없는 아이는 사고 싶어도 살 수가 없으니 그 눈이 처량하다. 루소가 기발한 아이디어를 낸다. 그가 과자를 모두 구입하기로 한다. 대신 과자 장수에게 아이들에게 과자를 거래하는 형식으로 나눠주라 부탁한다. 그 과자는 뽑기 과자라서 뽑기에 당첨되면 과자를 많이 가져가는 일종의 게임과 같은 거다. 아이들은 즐겁게 뽑기를 하면서 과자를 배분해 갔다. 선생님에게도 권해보는데, 이번에는 선생님께서도 흔쾌히 받아들인다. 루소는 이 모습이 아름답고 즐거운 기억으로 남는다고 회상한다. 선생님이라는 지위 때문에 거부하는 그 모습보다 아이들과 천진난만한 순수함으로 즐기는 모습이 루소를 즐겁게 했다. 적은 돈으로 큰 기쁨을 선물 받았으니 아주 남는 장사라고 한다. 인생의 즐거움이란 이렇게 가볍게 날아가듯 해야 한다. 인생의 짐이 무겁더라도 마치 아무 일도 없던 것처럼 가볍게 새털처럼 가벼운 느낌으로 인생은 그렇게 살 필요가 있다. 매일매일 반복되는 일상이 어찌 가볍냐고 반문하겠지만, 그래 반복되는 일상이니 그렇게 가볍게 스쳐도 좋다. 너무 가벼워서 주체하기 힘들다면 내일은 조금 무겁게 받아들이면 되는 거니까. 일단 지금 이 순간은 가볍고 휘파람 한 번 불어 날려 보내듯 당신의 힘듦과 어려움을 바람에 맡겨라.

하루: 일상이야기

부장님은 새벽형 인간이다. 아니 정확하게는 나이가 들어 새벽잠이 없는 거다. 어쨌든 아침잠이 꿀맛인 젊은 우리는 새벽같이 사무실에 도달하기란 큰 고비 하나를 넘는 것과 같다. 미처 동이 트기도 전에 잠을 뿌리치고 새벽을 열어보니 비몽사몽하다. 고양이 세수로 눈곱을 벗겨 겨우 잠을 뿌리치고 본다. 화장은 기본은 해야 하는데 일상이라 하는둥마는둥하고 길을 나선다. 아침 인사는 의례적이다. 커피와 수다. 부장은 무슨 진지한 인생이야기라고 펼쳐보지만, 나는 무슨 까닭으로 반복되는 이야기를 들어야 한단 말인가. 그렇다. 월급을 받고 생활하는 입장이니까 흔쾌히 들어주기로 한다. 몇 마디의 말은 새겨들을만도 하니까 그렇게 손해보는 느낌은 아니다. 장문의 연설이 끝나면 이제 또 다른 무대가 펼쳐진다. 컴퓨터를 이용한 문서 편집과 전화를 통한 연결짓기 등 사무실의 일상은 예측이 가능하지도 않지만 반복적이라 처음의 긴장의 끈은 많이 풀린 상태다. 점심시간이 다가오면 습관적으로 작은 식당으로 집합한다. 오늘의 첫 식사다. 아침을 먹지 않은 지는 꽤 오래되었다. 코로나19 때문에 외식은 거의 찾아 보기 힘들다. 그래서인지 작은 식당의 메뉴는 중요한 관심사이다. 왠지 날이 갈수록 메뉴의 질은 점점 떨어진다. 은근히 올라가는 물가를 반영한 주방장의 현명한 술수인지도 모르겠다. 점심을 의례적으로 먹고 나면 언니와의 수다는 이제 시작이다. 점심시간의 자유는 없다. 그래 이것 역시도 돈을 받고 생활하는 직장인의 비애겠다. 자유를 돈으로 교환한 거겠지. 젊음을 돈으로 다 바꿔 청춘이 가면 노년에 손에 쥔 돈이 인생의 자유를 얼마나 보장해 주려는지 나는 알지 못한다. 자유롭게 저 하늘을 마음껏 날아가는 새들이 오늘따라 이렇게 부럽게 보인다. 자유롭고 싶으나 그 자유는 어디에도 찾을 수 없다. 식욕과 수면욕과 같은 기본적인 인간의 욕망에서도 속박되어 있으니 욕구에서도 자유는 없는 거다. 식욕을 충족하려고 근무시간에 밥을 먹을 수도 없는 노릇이다. 문화와 사회의 규칙이 꽁꽁 옭아매 잠시의 휴식을 허용하지 않는다. 안정적으로 생활하고 싶은 욕구도 완전하게 충족하지 못한다. 사건 사고로 점철된 사회생활은 언제나 위험이 도사리고 있으니 개를 만난 고양이 마냥 귀를 쫑끗 세우고 긴장해야만 한다. 평안한 여유와 자유로운 분위기로 살려면 얼마만큼의 돈과 명예와 지위가 있어야 한단 말인가. 자유는 지금 글을 쓰는 이 순간에 가장 맘껏할 수 있는지도 모른다. 하얀 종이 위에 마음껏 그려보는 마음의 표현은 그야말로 자유의 최상이다. 지상에서 맛볼 수 있는 자유는 오롯이 나 자신을 만나고 대화할 때다.

이런저런 생각으로 걸어서 먼 식당을 찾아 나선다. 더운 날이니 땀도 흘려주면서 도착한 식당은 적어도 30년 이상의 역사를 가진 곳이다.

갈비 맛이 극강이다. 갈비와 공깃밥을 주문한다. 공깃밥만 주문하기에 눈치 보여서 살짝 여쭤보니 가능하다고 한다. 갈비에 흰 쌀밥을 상추쌈에 싸서 먹을 거다. 음식이 세팅되어 이제 슬슬 즐기는 시간이다. 식욕을 충족하는 엄숙한 순간이 바로 지금이다. 서비스 해주시는 아주머니께서 국을 가져오면서 이건 회장님이 주신 서비스란다. 아니 회장님이 식당 어디에 계신단 말인가. 회사에서나 있을 법한 회장님이 식당에 계시다니 귀를 의심했다. 식당 주인 할머니의 직책이 회장님이신가 보다. 그래 역사가 그 정도 되면 회장님이라고 해도 믿겠다. 어쨌든 회장님 덕분에 추어탕 국물 맛까지 보게 되었으니, 식욕이 충만하다. 그보다 더 고마운 건 배려받았다는 느낌일 거다. 잘 먹었노라 인사라도 드릴려니, 회장님은 부재중이시다. 처음 주문할 때 멀리서 지켜보다가 지금은 자리를 비우신 거다. 그래 계산하는 김에 사이다와 콜라도 주문한다. 계산하는 사람은 가게가 더 싸다며 계산하기를 주저한다. 계산을 다 마치고, 이 사이다와 콜라는 회장님 드리라고 나왔다. 식당을 나와서 걷는 발걸음이 가볍다. 작은 배려를 하고 받고 나누는 건 즐거운 일이다. 인생을 가볍게 산다는 건 이렇게 작은 친절에 크게 반응하고 감동하는 거다.

 식사 전에 있었던 화상회의는 미소를 머금게 한다. 진행자가 참석자들 얼굴 평을 한다. 모두 화면빨이 잘 받는다며 칭찬하며 시작한다. 좀 그렇지만, 화면빨이 좋은 사람이 있다. 오늘 모습은 특히나 더 그랬다. 화면의 각도, 기울기 같은 장치효과도 있겠지만, 역시 얼굴이 조금 작아서 화면에 공간을 만들면 그 여유 때문이라도 얼굴은 좋게 보인다. 화면에 얼굴을 조금 멀리 둘 필요가 있다. 화면에서 얼굴이 멀어지면 화면의 여백은 많아지고 얼굴은 조금 작게 표출될 테니 말이다. 정면보다는 비스듬한 옆모습을 강조할 필요가 있다. 정면으로 보이는 것보다 뭔가 감추는 듯한 모습은 신비감을 자아내기도 한다. 이래저래 테크닉과 술수가 조미료처럼 가미되어야 맛나는 시대가 되었다. 얼굴 가꾸기도 자기 역량 키우는 한 방편이다. 예뻐지기로 하자.

곰탕 맛집 가는 길

 매일의 일상은 반복의 연속이다6). 꾸준한 반복 속에 진리가 숨어 있다. 찾은 곰탕 맛집은 꽤 오래된 음식점이다. 서울에 몇 군데의 지점을 두고 본점은 명동에 있다. 여의도에는 비교적 최근에 개설한 지점이 두 개 있다. 두 곳을 다녀보고 지금 찾아가는 곳을 단골로 삼았다. 전문 체인점이라고 해도 그 맛을 똑같이 만들어 보여주기란 쉽지 않은가 보다. 커피전문점은 별다방이 유명하다. 커피의 향미를 즐기는 사람은 미묘한 맛과 향의 차이에도 민감하므로 표준화되고 규격화된 그 커피숍으로 인산인해다. 새로운 커피숍에서 펼쳐질 맛과 향의 향연을 즐길 만큼의 여유가 없는 탓이다. 시행착오도 싫고 실패는 더더욱 싫어하는 시대상을 반영한 것이리라. 호주의 지인이 커피를 취하는 방식과는 사뭇 다르다. 호주는 별다방의 인기가 우리 나라같지 않다는 것이다. 표준화된 커피 맛을 즐기기보다는, 전통과 역사를 머금어 나름의 특색과 이야기가 있는 커피점이 인기를 누린다는 것이다. 그러고 보면 사람의 취향은 시대와 상황의 문화에도 영향을 크게 받는가 보다. 어쨌던 우리는 남과 다른 데 따른 불편함과 불안함을 즐기

---

6) 평범한 하루를 소망하지만, 평범함이 평생을 덮어버린다면 일찍이 톨스토이가 설파한 가장 단순하고, 평범하기에 가장 끔찍했다는 역설에 빠질 것이다. 소박한 단순함에 숨은 아름다움을 발견하는 심미안을 가져 보자.

지 못한다. 같아야 하고 다르면 적개심을 표출하는 데 익숙한 우리는 믿음과 생각 그리고 느낌마저도 상대방이 나와 같아야 속이 풀리고 안심이 된다. 잠시 진리의 바다에 빠져보자. 다르다는 건 당연한 자연의 이치다. 길가의 풀도, 같은 이름의 꽃도 서로 다르다. 전체적인 모양에 공통점이 있어도 각각의 개성이 있기 마련이다. 하물며 사람이야 오죽한가. 사람의 눈, 코, 입, 귀는 같아도 그 생김새와 자리는 서로 달라 사람 얼굴은 각양각색이다. 얼굴만 다른가. 사람의 심성과 느낌과 생각은 그야말로 백과사전이다. 시시때때로 변하는 감정은 내 마음 나도 모를 만큼 감정의 순간을 알아채기 쉽지 않다. 전광석화같이 빠르게 순간이동하는 가운데 마음을 잡고 순간을 깨친다는 건 수양이 깊은 사람이 느낄 최상의 축복이다. 동영상의 움직임은 무수히 많은 정지된 화면의 집합이다. 만화영화에서 만화 주인공의 움직임을 표현하는 방식이 그와 같다. 우리의 일상도 정지된 화면의 연속이다. 끊임없이 변화하는 과정에서 영원한 침묵과 같아 정지된 화면으로 느껴지는 고요함이 당신이 느껴야 할 최상의 가치다.

 가게의 음식 맛은 조상이 내려준 그 맛을 재현한 것이라고 한다. 고전이 시대와 공간을 넘어 살아 숨쉬는 것처럼, 오랜 역사를 이어 내려온 전통 음식은 그 시대의 가치를 담고 있어 현재의 우리가 선대와 연결되는 체험을 하게 한다. 우주는 연결된 하나다. 상호연결 또는 상호의존성에 관한 이해는 사물의 이치를 깨치는 첫걸음이다. 너와 나가 연결되고, 세상이 나와 같은 체험을 통해 자연과 우주는 하나라는 인식을 한다. 곰탕 한 숟가락에서 느끼는 오랜 시간여행은 식욕을 채우는 것을 넘어서는 그 어떤 소중한 가치를 찾는 방편이 된다. 역사 시간여행 때문일까 돌아서는 길에서 인간이 상(모양)에 집착하는 모습은 큰 역사의 흐름에서 보면 부질없다는 생각이 든다. 오랜 시간 동안 사람들이 이 땅에서 생활하고 지나갔지만, 마치 무대의 주인공이 막이 바뀌면서 사라지고 새로운 주인공이 나타나듯이, 지금은 흔적조차 찾기 힘들다. 기념식수를 하고, 건물을 짓기도 하고, 어떤 형상을 설치하면서 자기의 흔적을 지켜 집착하려 해도, 세월 앞에서는 그 어떤 것도 남아나질 못한다. 역사라는 이름으로 몇몇의 사람과 사건은 그 이름을 남겼으나 그 또한 하얀 종이 위에 남긴 흔적에 불과하다. 기록에 남았든, 아무런 흔적조차 찾기 어렵든, 그래도 지금 곰탕 한 그릇에 스며든 그 가치는 남아 이렇게 후대의 민요가 노래 부르게 한다. 그래 우리네 일상이 그렇게 특별하지 않아도 좋다. 당신의 하루가 아무 진전 없이 보이더라도 아무런 문제가 되지 않는다. 그냥 당신과 나 그렇게 존재한다는 것 자체가 기적이다. 일상은 반복되어 똑같다 해도 좋다. 평범한 일상에서 즐거움과 재미를 찾는 건 그대의 마음이다. 일체유심조의 의미를 새겨보라. 세상 만물이 마음이 지어낸 작품이 아닌가. 한 시대의 리더의 모습도 또한 다양하다. 큰 뜻을 품어 펼쳐 보여 세상을 변화시키려 하는 리더도, 특별한 꿈이나 뜻이 없어, 아마도 그냥 하루하루의 일상이 그의 뜻일 수도 있는, 그 어떤 리더도 그렇게 흔적을 남기기도 하더라도, 그냥 모두가-족적이 있든 없든 간에-세월따라 흘러가는 나그네 신세다. 그렇다면 가장 가치 있는 건, 이 순간에 즐거움을 찾고 의미를 부여하고 자신의 존재감을 그냥 그렇게 느끼는 거다. 어느 누구도 알아 주지 않기에 당신이 그대 자신을 가치 있는 존재로 깨쳐 알아내는 심미안을 가져야 한다. 작은 시냇물이 큰 강물을 만나면 그냥 그 강물의 시류에 따라 흐른다. 바다를 만나 하나되는 건 마찬가지다. 시냇물이든 강물이든 바다로 어우려져 버리면 바닷물과 동화되기 마련이다. 조금은 버텨보겠지만, 바다의 짠맛에 물들지 않고는 도저히 견딜 수 없다. 그렇게 하나되었다가 다시 뜨거운 햇살에 구름이 되어, 빗물로 웅달샘에 떨어지기도 한다. 자기를 발견하되 자기를 주장할 필요는 없다. 자기라는 자기는 세상과 같아 차원을 어떻게 바라보는가에 따라 달리 인식되기 마련이다. 이런들 저런들 어찌하겠는가. 자기를 지켜 드러내야 할 때와, 자기를 감춰 세상에 숨어야 할 때를 알아채는 지혜도 괜찮다. 사물을 꿰뚫어보는 통찰력을 가진다면 지혜의 샘은 마르지 않는다. 껍데기만 보지 말고, 훅 파고 들어 깊숙한 속살을 느껴 들여다 보라. 미세하고, 없는 그 곳에 우주만물의 시간과 공간이 응축된 원액이 숨어 숨쉬고 있다는 걸 보게 될 것이다. 부질없는 인생이라기에 뭔가 있는 인생이다. 자책하지 마라. 숨만 쉬고 있는 지금도 아무런 문제 없는 인생이 펼쳐지고 있다. 정답은 당연히 없고 살아 숨쉬고 버티는 이 순간이야말로 인생의 참 맛을 볼 때다. 내일은 없다. 지금 이 순간 호흡하며 느껴보라.

물들지 않는 지혜

연꽃은 흙탕물에서 자라면서도 흙탕물에 물들지 않는단다. 해야 하는 일에 얽매여 살아가는 우리는 그 일에 쉬이 물든다. 일이 온통 정신을 지배하게 되면 일중독이라는 증상에 시달리게 된다. 세상의 모든 것에 과하게 집착하면 부작용이 발생하기 마련이다. 중요하다고 생각하는 일이라면 기꺼이 사소한 일이라 치부해보라. 조금 거리를 두고 보면 더 정확하게 볼 수 있다. 거리를 두고 보되 관찰하는 눈은 매처럼 날카롭고 속 깊은 곳을 들여다보는 심미안을 가져야 한다. 사무실에서 해야만 하는 일이 있다면 그 일을 놀이의 질료로 만들어 보라. 놀면서 행하는 일은 즐겁다. 진지함이나 무거움은 일이 굴러가는 데 장애가 된다. 무거우면 옮기기 힘든 이치다. 마음이 가벼워야 그 대상인 일도 가벼워진다.

일상의 점심은 구내식당이다. 구내식당의 메뉴는 운영자가 매주 공표하는 것이라 음식을 선택할 권한은 없다. 그냥 주어진 메뉴를 받아들이느냐 아니냐의 두 선택만이 존재한다. 약속이 있는 직원은 외식하고, 아니면 작은 식당으로 향한다. 식당에서 음식 섭취는 그리 긴 시간이 필요하지 않다. 식성도 그 나라의 문화에 영향을 많이 받는다. 전채 요리가 있고, 메인이 있으며 후식이 있는 다른 어떤 나라의 문화와는 차이가 크다. 밥 상에 앉아서는 밥을 최대한 빨리 먹고 들에 나가 일해야 하는 농경시대의 문화적 잔재가 남은 탓일까 식사 시간은 아주 짧다. 복도 앞에서 식사하는 모습을 지켜보며 기다리는 이와 눈이라도 마주친다면 밥 먹는 속도는 더 급해진다. 점심 시간이 많이 남았으니 커피 한 잔을 나누며 일상을 대화한다. 평범한 일상을 비범하게 인식하는 슬기로움을 키워나가자. 그 슬기로움에는 어린 아이의 순수한 마음으로 대상을 새롭고 호기심으로 바라봐야 한다. 몰입하되 물들지 않는 지혜도 필요하다. 죽음에의 기억은 소중하지만, 죽음에 물들어서 삶을 온통 죽음으로 채색하는 건 바람직하지 못하다. 순간의 삶을 알차게 행동으로 느껴 기억한다면 몰라 두려운 죽음도 후회 없이 받아들일 수 있을 것이다. 싫은 사건이나 대상을 뿌리치려 기억하는 어리석음을 범하기도 한다. 흘려버리기는 좋아하지 않는 사건을 놓아줌으로써 상황을 좋게 반전시키는 명약이다. 자칫 집착하지 않으려고 되뇌이는 그것이 역으로 집착하는 행위가 되어 나쁜 것을 쥐고 그것에 포획되는 경우가 많다. 좋건 나쁘건 흐름에 맞춰 흘려버리기 바란다. 반복되는 일상에서도 규칙성을 뛰어넘는 새로움을 발견하는 마음의 눈이 있어야 한다. 세상의 사진은 스토리와 의미가 숨쉴 때 가치를 인정받는다. 연례적인 행사에 참석해보면, 늘 그렇듯이 사진찍기, 선물 또는 물건 전달하기가 대부분을 차지한다. 몇 마디의 의미없는, 아니면 의미를 찾기 힘든 말들은 행사의 양념이다. 이렇게 행사에 참석한 사람들조차도 그 의미와 이야기를 추억할만한 가치를 찾지 못한다면 후대의 민요가에게는 더욱 그럴 것이다. 서양의 행사는 우리와는 결이 다르다. 졸업식에 참석할라치면, 아마도 지루함에 견디기 힘들지도 모른다. 학생 한 사람, 한 사람의 경력과 이력 그리고 그의 학업성취 과정을 속속들이 소개하고 읽어가는 과정에서 참석자는 한마음으로 의미를 깨쳐 진심 어린 축하의 장이 연출된다. 우리네의 퇴임식은 번갯불에 콩볶듯 뭔가에 쫓기듯 급하다. 주고받고 사진 찍고, 사진이 가장 중요한 목표인 것처럼 보인다. 먼 훗날 사진을 보며 추억할 만한 이야기를 찾기 어렵다. 과정을 생략하고, 아니 과정을 중요하게 생각하지 않고 결과만을 집착하는 행태는 이런 문화의 반영이라고 본다. 한 사람이 어떻게 성장하고 어떤 결실을 맺어 사회에 어떤 기여를 했는가의 의미발견보다는, 그 사람의 껍데기에만 관심 있어 하다 보니 이야기가 스며들 틈이 애시당초 존재하지 않는다. 이런 유형의 모습은 장례식장에서도 종종 발견된다. 떠나는 이의 마지막을 인식하면서 살아생전에 순간순간 최선을 다한 사람은 오히려 담담하게 망자의 안식을 바라며 보내주기 쉽다. 생전에 할 순간을 다 하지 못한 사람이라면 마땅히 죽음의 순간을 늦춰 그 기회를 만들고 싶은 아쉬움이 클 것이다. 막상 여백이 주어진다고 하더라도 습관은 그대로겠지만 말이다. 순간을 깨어서 의미를 발견하고, 찾아내는 마음 자세를 가져야 한다. 세상의 일상과 단조로움은 새로움과는 친하지 않다. 반복의 연속에서도 호기심을 가지고 신비함을 발견하는 지혜와 통찰력을 가져보자. 이념에 집착하면서 대립하고 갈등하는 모습을 보면서 진지함과 무거움을 느끼는 사람보다는, 어린시절 소꿉장난하는 마음으로 재미와 즐거움을 발견하는 사람이라면, 마땅히 그 갈등을 관통하는 것을 볼 수 있는 눈을 가진 사람이라고 하겠다.

50대 이후를 위한 수상록

 마음 살펴보는 공부를 한다. 외부의 현상을 분류하고, 구분하면서 공통 또는 대비되는 속성을 연구하는 과학과 달리, 마음속을 알아채는 노력의 일환이다. 생각, 감정, 마음, 정신과 같은 개념을 정립하고 그 개념을 따라 탐험한다. 생각(think)은 감정의 반영이다. 감정이 일어나고 그 이후에 생각이 나며, 그 생각이 물질(matter)을 만든다. 생각과 물질은 환상(illusion)이다. 꿈과 같은 것이다. 생각을 모은 것이 마음(mind)과 같다. 의식적으로 사유할 수 있는 영역이 마음이라면 한 개체의 인간은 마음과 무의식의 합이다. 무의식은 생각하지 못한 영역으로써 무의식의 영역에 생각의 빛을 쏘여 무의식을 의식으로 드러내는 노력을 한다. 무의식의 영역이 줄어들수록 그 사람은 의식의 영역을 넓히게 된다. 종국에는 그 생각마저도 놓아주기(release)를 통해 자기(Self)를 찾아간다. 자기(Self)는 세상(world)와 같다. 사람이 통상 말하는 나(ego)와 자기(Self)는 구분되어진 나와, 연결되어진 자기라는 점에서 차이가 있다. 정도의 차이라고 하겠다. 나(ego)는 한계를 가진(limited) 데 반해, 자기(Self)는 무한의 우주와 같은 존재다. 파도와 바다를 대입해본다. 파도는 통상의 인간이라면 바다는 우주요 진리(Truth)다. 한계를 가진 파도가 한계 없는 바다를 어떻게 알 수 있단 말인가? 파도가 바다를 아는 유일한 방법은 믿음이라고 본다. 인식의 한계로 도저히 다가갈 수 없는 실체라면 믿느냐 믿지 못하느냐의 의제로 귀결된다고 하겠다. 종교에서 믿음의 알파요 오메가인 것처럼 말이다. 믿음이 신앙의 출발이면서도 귀결점이다.

자기(Self)를 알아 믿는 유일한 과제는 사랑(Love)이다. 지극한 사랑으로 한 개인은 세상과 동일하다는 체험을 한다. 너와 내가 다르지 않고, 서로 연결되어 있으며, 우주는 서로 연결된 하나의 그 무엇이다. 당신이 싫어하거나 좋아하지 않는 세상이 펼쳐진다고 가정하자. 그렇다면 당신의 생각 또는 무의식이 그 세상을 펼치게 한 주역이다. 생각이 세상을 만들기 때문이다. 가장 싫어하는 대상 또는 좋아하지 않는 대상을 사랑하는 생각으로 좋아하는 경험을 해보라. 당신 내면의 변화가 그 대상을 진실로 사랑하게 되는 체험을 하게 될 것이다. 무한사랑, 그것이 우주의 진리다. 바로 그것이 자기(Self)다.

선각자는 다양한 방편을 우리에게 알려준다. 크지도 작지도 않다는 또는 텅 비어 여백이 있어 변화 가능한 의미의 공, 인식과 존재, 이삭줍기, 주파수론, 여행, 놓아주기, 집착과 집중의 차이, 한 생각, 몰입 등 많은 방편을 소개한다. 방편은 불가에서 열반에 도달하는(체험하는) 나룻배와 같다. 내면의 체험은 언어나 문자로 표현할 수 없는 영역이기에, 경전의 글과 체험자의 언어로 표현하는 과정에서 체험의 전체를 오롯이 전달하기 쉽지 않다. 인간의 도구의 불완전성이 체험의 완전함을 드러내지 못하는 이치다. 열반(피안)의 세계에 경전(돛단배, 문자)을 통해 도달했다면, 과감하게 그 방편인 문자와 돛단배를 버리라고 조언한다. 이 점을 명심하고 앞으로 나열하는 방편들을 활용하기 바란다. 또한, 젊은 독자라면 마음공부를 적절하게 활용해야 한다는 점을 명심해 주면 좋다. 많은 사람이 구분하고 분류하는 나

(ego)로 생활하는데, 당신만 자기(Self)로 살아가기란 쉽지 않고, 바람직하지도 않다고 본다. 예를 들어, 마음공부를 하면, 컵은 크지도 작지도 않다는 식으로 답하게 된다. 지도교수님께서 컵이 크냐, 작냐고 물었을 때, 나(ego)의 시각에서 판단하고 크다 작다를 평가해서 발표해야 의사소통이 가능하다. 공 또는 실존의 개념을 공부한 학생이 (실존하는)컵은 크지도 작지도 한다는 답변을 한다면 야단맞을 일이다. 알아둘 점은 자기(Self)는 자연스럽고 자유로와 무한한 우주와 합일하는 물아일체의 경험으로 대강을 알 수 있는 영역이다. 평화와 고요, 안정감과 행복감은 자아(Self)와 함께 한다. 따라서 에너지를 크게 쓸 필요가 없어 당신에게 자유를 줄 것이다. 당신은 나(ego)와 자기(Self)를 상황에 따라 적절하게 활용하는 지혜를 발휘하기 바란다. 지혜란 전체를 보는 통찰력이다. 빠르고 정확한 스마트한 당신이 사물의 전체를 꿰뚫어보는 통찰력으로 사물을 속속들이 이해(comprehension)하는 습관을 들이기 바란다.

〈방편1〉 여행을 떠나라

　인생은 여행이다. 코로나 19 팬데믹 현상 이전에는 해외여행상품이 성황을 이뤘다. 한 해에 한두 번 해외여행을 취미로 즐기는 사람도 많았다. 해외여행이 주는 매력이 뭘까? 사람마다 다양한 느낌과 생각이 있겠지만, 새로움이 주는 자유로운 느낌이 주된 이유일 거다. 새로운 풍경과 사람의 사는 모습에서 우리 인간은 그 세상에 빠져든다. 순간 푹 빠지면 세상과 자신이 일체가 되는 물아일체를 경험하기도 한다. 국내에서의 습관과 다른 사람의 시선을 의식하지 않고, 오로지 자유로운 행동으로 세상의 격식을 잠시 잊어버리기도 한다. 이방인과의 스스럼 없는 소통으로 짧은 시간 정서적인 유대감을 느끼기도 한다. 멋진 만년설이 주는 풍경에 빠져 넋을 잃고 바라보기만 한다. 자신(ego)이 풍경을 보고 있다는 사실마저도 잊어버리고 빠져든 그 순간이 세상과 일체된 자기(Self)다. 자기를 찾으려면 자기를 잊어버릴 만큼 하나에 몰입해야 한다. 그 하나도 놓아주기로 자유로울 때 진정한 행복을 맛보는 자기를 발견하게 된다. 여행은 외부의 세계에 빠져들면서 자기를 발견한다는 점에서 소개되는 다른 방편과는 접근 방식이 다르다. 외부 세계에서 시작해서 안으로의 발견을 시도하는 점에서 차이가 있다.

⟨방편2⟩ 공

불교 경전에서 공이란, 문자로 표현하기 쉽지 않은 개념이다. 공을 설명하는 방식은 다양하다. 흔히 색즉시공, 공즉시색이라며 색이 곧 공이요, 공이 곧 색이라고 표현한다. 공은 공간의 여백을 의미하기도 한다. 전자와 양자 사이의 텅 빈 공간을 공의 사례로 들기도 한다. 공이란 무상(없을 무, 형상 상)해서 항시 변해 무상(없을 무, 일정할 상)하다. 공하므로 변화의 여백이 있어 변화하므로, 살아 있게 된다. 죽음이란 고형화된 그 무엇이다. 삶이란 잠시도 그대로 있지 못해 움직이고 변화하는 순간들의 집합이다. 마치 동영상이란 삶은, 정지된 사진들의 집합인 것처럼 말이다. 또 다른 공을 설명하는 방식은 크지도 않고, 작지도 않은 컵을 비유한다. 인간은 컵을 다른 물체와 비교해서 크다 작다의 인식을 하는 것이다. 컵 자체만 놓고 본다면 크지도, 작지도 않다. 반야심경에 더럽지도 깨끗하지도 않다는 구절이 있다. 이처럼 사물 앞에 붙은 형용사는 가치와 판단, 구분과 분류를 의미하기에 상대적이라서 사람마다 그 기준이 달라서 진리와는 거리가 멀다. 잘 생긴 사람이라고 인식하고 표현하면 보는 관점에 따라 잘났다와 못생겼다 서로 다른 판단을 내리게 된다. 공하다는 건 이처럼 다양한 개념을 담을 수 있는 텅 빈 개념의 보자기에 비유된다. 만약 당신이 마음에 들지 않는 사람이나 사물이 있다고 가정해보자. 그렇다면 당신은 그 사람이나 사물에 관해 그렇게 인식하고 있는 것이다. 그 사람이나 사물은 다른 사람에게는 전혀 다르게 인식되기도 한다. 나를 비난하는 사람이 있다면, 나는 그 사람을 좋지 않게 인식할 것이다. 잠시 차원을 달리해서 생각해 보자. 그 사람이 나에 향하는 비난은 좋다 나쁘다고 평가할 대상이 아니다. 그 비난의 화살로 나의 행동이 크게 잘못되지 않는 약이 되기도 한다. 마치 입에 쓴 독이 병을 치유하는 약이 되듯이 말이다. 비난은 나쁜 행동이라는 우리의 인식은 비난이 존재에 집중함으로써 인식의 오류를 줄여나갈 수 있다. 존재로서의 비난은 가치중립적이다. 이처럼 대상을 그 자체(being) 존재로 바라본다면 존재 앞에 붙은 형용사는 인식의 차원으로서 오류를 내포하는 개념이다. 따라서 마음 공부를 하는 사람이라면 마땅히 존재(Being) 자체에 주목하는 습관을 들여야 한다.

 실존에 집중하라지만, 불경에 보면, 실체란 있다고도 할 수 없고, 없다고도 할 수 없다. 세상은 환상이요 꿈이라면, 세상과 같은 자아 역시도 꿈과 같다고 할 것이다. 세상이 마음에 들지 않는 구석이 있고, 그 때문에 싫어도, 그 것도 자기의 투영, 아니 자기라고 한다면 마음에 들지 않는 그 구석마저도 사랑하는 마음으로 받아들여 이해할 수 있는 여백이 생길 것이다. 세상에 펼쳐지는 지금의 이 모습을 나의 모습이라며 큰 화면으로 받아들여 생활하려 해본다.

<방편3> 한 생각, 이삭줍기, 집중

집중(모을 집, 가운데 중)과 집착(잡을 집, 붙을 착)은 다른 개념이다. 몰입과 집중은 자기(Self)를 체험하는 소중한 길이다. 톨스토이 작 레빈이 노예와 함께 이삭줍기 행위에 푹 빠져들어 땀흘리다 허리를 들어 보니 어느새 노을이 지고 있었다. 단순한 행위를 반복하는 가운데서도 빠져들어 몰입하면 자신(ego)을 잊고 시간 가는 줄도 모른다. 그 상태, 반복하는 행위만 있을 뿐, 행위를 한다는 인식도 하지 않는 몰입의 상태야말로 자기(Self)를 만날 수 있는 좋은 방편이다. 이처럼 소소한 일상에서 반복되는 행위에서도 마음 공부와 체험이 가능하다. 행위를 통한 몰입 방식 외에 생각을 통한 자신찾기도 가능하다. 여러 잡다한 생각을 단편적으로 하기보다는, 하나의 생각, 화두라고도 하는 한 생각에 몰입해보자. 그 한 생각이 깊어 깊어져 자기를 만나는 통로가 된다. 한 생각으로 자기를 만나게 되면, 그 한 생각마저도 놓아주기로 보내줘야 한다. 한 생각으로 무의식(무생각)의 영역에 빛을 비춰 무의식을 의식으로 비춰주라. 언행일치된 생활과 행동을 하게 될 것이다. 화두로서의 한 생각은 나는 누구인가? 같은 근원적인 질문이면 좋다. 질문과 답, 질문과 답을 반복하는 과정에 빠져들면, 나(ego)를 잊고 세상과 일체되는 체험을 통해 자기를 발견하게 될 것이다. 세상은 바로 자기와 같다. 세상은 자기의 생각이 투영된 것이다. 생각=마음=물질을 생성하게 되고, 이 모든 것은 꿈과 환상과 같다. 세상이 나의 마음에 들지 않거나 좋아하지 않는 세상이 펼쳐진다면, 그것은 나의 무의식의 생각(무생각)이 투영된 결과일 것이다. 왜냐하면 세상은 바로 자기이기 때문이다. 싫은 사람 또는 대상이 있다면, 자신을 성찰해보라. 몇 번의 생각과 깊은 생각을 통해 그 사람 또는 대상을 사랑하도록 온갖 방편을 사용하라. 가장 중요한 처방 약은 사랑이다. 종교적인 지도자급의 사랑이라면 사람이나 대상이 좋게 인식될 거다. 그 마음이 자기와 세상을 동일하게 작용하여, 행복과 영원한 평안함과 기쁨과 자유를 체험하게 해 줄 것이다.

⟨방편4⟩ 책임

나와 세상이 일치한다. 세상은 연결된 하나다. 너와 나가 다르지 않다. 마음 공부의 귀결이다. 이것을 믿는다면, 세상의 모든 사건은 나의 책임이다. 세상이 나로 인해 존재하므로, 나는 이 세상의 모두에 책임을 진다. 원인을 외부에서 찾지 않는다는 것이다. 논리적으로 보면, 외부 세상도 나와 같으므로 외부에서 원인을 찾는다는 것도 나와 같다는 순환론적 오류에 빠지기 쉽다. 책임을 타인이나 세상 탓으로 돌리지 않고, 오로지 내가 책임진다는 자세를 가진다. 세상의 사건이 나의 마음에 맞지 않아 마음에 들지 않는 구석이 많다. 그렇다면 나의 무의식의 세계가 그렇게 나의 의식의 세계가 마음에 들지 않는 구석이 많기 때문일 것이다. 마음에 맞지 않는 무의식의 세계를 생각(의식)의 빛으로 드러내 보라. 마음에 들지 않는 구석을 하나하나 점검하고 줄여나간다면, 세상은 점점 좋아질 것이다. 내가 바뀐다면, 세상은 변한다. 나와 세상이 같으므로 당연한 이치다.

작가의 변화

 마른 장마라고는 하지만, 가끔 집중호우는 무서우리만큼 큰 비를 내린다. 준비하지 못한 사람은 우산 없이 비를 피해보지만 그 폭우에는 도리가 없다. 도시에서 비 내린 다음날은 지렁이가 생사의 길목에서 힘겹게 걸어간다. 스쳐 지나가기 일쑤였지만, 이제는 나무 꼬챙이를 이용해 흙이 있는 곳으로 보내준다. 시멘트 아스팔트를 걷다 보면 탈진하기 쉽다. 마음공부를 하고 난 지금은 나무를 봐도 시간 가는 줄도 모르고 서 있다. 마치 나무와 교감하는 것처럼, 나무를 바라보니 펼쳐지는 푸르름이 생각마저도 물든다. 상큼한 생각이 스친다. 생각을 잡기란 얼마나 어려운가. 잡아 보려 해도 생각은 뜬구름과 같아 손끝을 스쳐 지나갈 뿐 손에 잡히지 않는다. 휘발성이 강한 생각보다는 느낌이 마음에는 조금 오래 남는다. 생각한 대로 행동하고 살아가려면 그 생각은 마치 강철에 새기듯이 깊게 박아둬야 한다. 살짝 스쳐가는 생각은 무의식의 골에 빠져 무슨 생각을 하는지도 모르게 꽁꽁 숨어서 알지 못하게 한다. 알아채림이 없는 생각이 무의식에 빠져 세상이 마음에 들지 않는 모습으로 나타나게 된다. 긍정의 생각으로 채우라. 그 짧은 생각이 무의식에서 숨어 자라더라도 긍정이 꽃필 수 있게.

난꽃

 학교를 다닐 때 배운 지식으로는 알지 못했다. 유튜브를 통해 한 강사의 소개로, 알고 싶다는 호기심에 조선시대 문인 이옥의 책을 읽는다. 섬섬옥수 어쩌면 이렇게 훅 파고들어 섬세하게 묘사한단 말인가. 그의 세밀한 관찰과 상상은 촘촘한 들실과 날실로 엮어진 잘 다듬은 옷감과 같다. 그 틈은 너무나 정교하고 밀도는 깊어 허투루 공간이 없어 보인다. 관찰과 지식과 경험이 어우러진 교향곡을 즐기는 느낌이다. 세상의 대상을 이렇듯 깊이 있게 관찰하는 건 그 대상과 일체된 상태에서 가능할 것이다. 혼연일체, 물아일체의 경지에서 너와 나가 동화되어 하나된 그 느낌, 그 지점에서 진정한 이해와 공감이 일어난다.
 사무실의 난이 꽃을 피우느라 부산하다. 2년 전 이곳에 보직을 받아 함께 입주한 난이다. 많은 난이 사무실 한 자리를 차지하느라 빽빽하게 줄 서 있으나, 세월 따라 하나 둘씩 자리를 비운다. 지금 남은 난은 2년의 세월을 버텨 살았다. 이렇게 함께 살아 버텨주니 감사하다. 지금 난이 꽃을 피우느라 한창이다. 이 꽃이 피면, 저 꽃망울을 준비하느라 부산하다, 꽃이 지면 연이어 꽃 피우기 릴레이 경주를 한다. 텅 빈 사무실 공간에 들어서면 꽃의 향연으로 짧은 축제를 즐긴다. 난에 관해 아는 지식이 전무하다. 난꽃의 향연에 걸맞는 예찬을 하려고 걸상에 앉았으나 아는 지식이 없어 한자의 글도 써내려가지 못한다. 꽃이 이렇게 신비롭고 아름다운데 이름을 알지 못한다. 난꽃은 호접란, 카테리아, 심바디움, 군자란 등 이름도 다양하다. 형형색색 모양도 신기하고 이름도 처음 접해 생소롭다. 지금 옆에서 한창 피어 있는 이 꽃은 이름 모를 난꽃이라고 해야겠다. 아무리 맞춰봐도 찾아본 꽃 모양과는 다르다. 귀하고 성스러운 느낌이다. 은은하니 잎의 색깔과도 조화롭다. 이슬을 머금은 모습은 마치 어린 동심을 연상케 한다. 꽃대에 붙어 있는 이슬의 맛은 꿀보다 더 달다. 아침이슬을 맞아 머금은 줄 착각할 정도로 영롱하다. 5 또는 3 홀수로 핀 꽃잎은 길쭉한 느낌이지만 그렇게 길쭉하지 않아 단아하다. 꽃이 뿜어내는 향은 은은하여 강하지 않다. 연약한 꽃이라 바라보기도 조심스럽다. 바라보는 눈길에도 쉬이 질 것만 같은 연약함은 강인함을 머금은 모습이다. 하늘을 향해 쭉 뻗은 기상은 거칠 것이 없다. 난이 주는 묘미는 뭐니뭐니해도 그 자리 그대로다. 지켜 버텨 이 자리를 차지하고 있어주는 것만으로도 감사한 일이다. 꽃을 피우지 않아도 좋다. 버티고 버텨서 그 자리에 있어만 줘도 더 이상 바랄 것이 없다. 너가 이곳에 함께 있어준다면 그것은 사랑이다. 행복이 별거더냐 이렇게 어울려 지낼 수 있으면 부족함이 없다. 너를 바라보고 있으면 세상 다 가진 듯 아무런 근심이 일어날 틈이 없다. 그나저나 이 꽃은 이름이 뭔고. 그래 그것이 궁금하다면 아직 공부를 더 해야 한다. 사물에 붙은 이름은 이름일 뿐 사물 그 자체인 존재에 푹 빠져 들어라. 존재와 같아 동화되도록 그래서 당신이 난이 되어 보라. 그깟 이름이 뭐가 중요한가. 난이면 충분하다. 이렇게 자리를 지켜 버텨 살아가는 난이라면 괜찮다.

수요일에 쓴 일기

 인사가 곧 있다. 선배 중에서 두 분이 명예퇴직을 한다. 29년을 생활하며 업무를 본 이곳을 떠나는 것이니 명예롭기도 하다. 염려하는 마음이 생긴다. 공감능력 때문인지, 언제나처럼 떠나는 이를 바라보는 건 참으로 어렵고 힘든 일이다. 새로운 세상에서 도전하고 즐길 선배님의 미래를 생각한다면 그리 슬퍼한 일도 아니다. 머지않아 맞닥드릴 운명이다. 그래도 길 떠나는 나그네의 모습에서 불확실성과 마주하고 살아가야 하는 미래에 설레임에 따르는 인간의 걱정이 함께 한다. 응원하고 지원할 것이다. 떠나는 이를 위해 해줬으면 하는 바램은 없지 않지만, 그 어떤 도움도 줄 수 없다는 아쉬움 때문에 안으로 삭힌다.
 비슷한 또래의 동료를 만나면 남 일같지 않은 퇴직 시점의 이야기를 나누게 된다. 그러다 보니 내년도 있을 인사명령에 관련한 뇌피셜을 풀어 헤치게 된다. 그야말로 허무맹랑한 환상이요 몽상에 불과할진데 말이다. 마음공부로 마음잡기 노력을 한다지만, 한 번 그런 이야기를 시작이라도 할라치면 그냥 빠져든다. 사람은 거울과 같아 세상을 비추는데 작은 여백도 없다. 바로 펼쳐진다. 소가죽을 벗겨 소파리가 붙듯이 주의하라는 경전의 말씀을 떠올린다. 그만큼 사람은 주위 환경에 영향을 많이 받아 휩쓸리기 쉽다는 뜻이다. 퇴직하신 선배님 또는 과장급 후배와 남은 공직생활을 어울려 알차게 채워보자. 순간 즐겁게. 마음과 같은 세상이 펼치는 다양한 향연을 즐겨보자. 세상이 마음과 같다고 믿어보자. 세상을 통째로, 그 자체로 완전하게, 받아들여 사랑하게 된다. 믿어 실천해보자.

떨어지지 않는 낙엽

　낙엽이란 떨어진 나뭇잎을 지칭하는 단어인데 떨어지지 않는 낙엽이 어디 있을까. 죽지 않는 사람도 같은 의미다. 태어나 살다 병들고 죽는 인생은 불변의 진리로 보인다. 기독교의 영생과 불교의 불생불멸의 가르침이 선뜻 다가오지 않는 건 어쩌면 당연한 건지 모르겠다. 인간은 경험한 일부의 오해와 착각으로 진실이라 믿는 경향이 있다. 이 또한 인간의 한계를 드러내는 것이다. 떨어지지 않는 낙엽이 있다고 치자. 그 낙엽이 죽지 않고 오래오래 남아 있으니 좋을 건가 싶다. 파란 하늘에 구름이 생겼다가도 흩어지고, 넓은 바다에 파도가 생겼다가 사라져 바다로 남는 건 자연의 당연한 모습이요 이치다. 지금의 파도가 사라져도 다른 파도가 생겨날 것이고, 마찬가지로 지금의 인간이 이 지구에서 사라져도 미래 세대가 이 지구를 채워나갈 것이다. 선인이 죽음을 돌아간다고 표현한 것도 따지고 보면 죽은 이를 추모하고 유족을 위로하기 위한 말이라고 치부하기에는 알 수 없는 깊은 뜻이 있을지도 모른다. 돌아간다는 건 태초의 기원으로 찾아가는 걸 뜻한다고 보기 때문이다. 나라는 고집과 집착만 내려놓는다면, 죽음마저도 자연스레 받아들일 수 있을 거다. 나라는 고집을 내려놓기가 현실에서는 쉽지 않다. 운전이라도 할라치면, 앞서가는 차가 조금만 마음에 들지 않아도 그냥 입에서 거친 말이 나오니 말이다. 아상을 내려놓기란 평범한 인간에게는 너무나 힘든 과업이다.

아메리카노와 에스프레소

 커피를 즐기는 취향도 다양하다. 농축된 커피 원액의 맛을 느끼고 싶다면 에스프레소를 주문해라. 마일드한 커피향을 즐기려면 아메리카노를 선택하면 된다. 달콤한 맛을 선호한다면 라떼를 마셔라. 세상을 설명하는 언어도 커피 선택하는 방식과 별반 다르지 않다. 침묵은 금이라는 격언은 말을 많이 하면 하기 쉬운 실언과 후회를 주의하라는 의미다. 말을 머금어 드러내지 않은 침묵은 웅변이 주는 울림과 같다. 명심할 것은, 말이란 화자가 세상에 나아가는 방편일 뿐이라는 사실이다. 말을 듣는 세상은 그 말에 아무런 감응이 없을 수도 있다. 의미 없는 말들의 향연으로 얼룩진 시간여행은 무의미와 허망함을 하나 쌓음에 불과하다. 누군가에는 위로를, 자연의 어디에서는 감동을 줄 수 있도록 상황에 맞게 말하고 행동하라. 사랑의 마음이 가미된 언행은 다소의 실수가 있어도 그리 흠이 되지는 않을 거다. 말을 하는 데 있어 금과옥조로 여겨야 할 지침은, 질문하면 답하라는 것이다. 지레짐작으로 세상을 규정하고 말하지 말고, 호기심과 궁금한 질문에 성의껏 응답하라. 묻지 않는데 말하기를 삼가라. 말은 생각의 표현이라 예쁜 단어를 쓰도록 해라. 세상의 호기심에 응답하다 자칫 소홀해질 그대의 궁금증은 일기장에 기록해 두자. 세상을 존중하는 출발은 인정하고 받아들이는 것이다. 사랑이다. 귀한 시간과 열정을 훔치는 우를 범하고 후회를 남기지 마라. 사랑하면 그냥 바라만 봐도 좋지 않은가. 생각만해도 미소 짓게 된다.   사랑하는데 두려울 것 없다.

마지막을 명심하라

　톨스토이는 죽음에의 기억을 인간 성장의 요인이라고 보았다. 그 자신이 50대 후반 당시에는 낫기 힘든 병에 걸려서, 죽음에 관하여 깊은 성찰을 했을 것이다. 세상이 기억하는 그의 명작은 그 병을 넘어선 이후에 탄생한 것이니, 과히 죽음을 경험할 수 있다면 인간 세상은 천국이 될 것이다. 죽고 다시 살아가는 사람이 거의 없다시피 하니 인간 세계가 천국이 되기는 쉽지 않다. 죽음은 철학적 사유를 하기에도 좋은 주제다. 인간은 경험하지 않은 세상을 두려워한다. 어린아이의 마음을 가져라. 아이들은 두려움보다 호기심이 크다. 만지고 입에 대고 느껴 보려는 어린아이처럼 순수한 마음이라면, 어름풋이 알아 두려움에 떨고 있는 어른보다, 세상을 맑고 깨끗하게 살아가게 될 것이다. 모든 것이 변하는 세상에서 확실한 사실은 끝이 있다는 것이다. 그런데 말이다. 그 끝이 진정한 마지막 종료를 의미하는 것은 아니다. 끝이라고 규정지었을 뿐 진실은 끝이 아니라 긴 여정의 작은 단락일지도 모른다. 1막이 끝났다고 연극이 끝난 것이 아닌 것처럼.

흐린 날

　흐리고 비가 내리는 날씨보다 맑고 화창한 날씨가 좋다. 그랬다. 흐리고 비내리는 날이면 우중충하고 빗물이 주는 습한 느낌이 쾌청함을 느끼지 못하는 장벽이 되었다. 젊은 청춘이라면 화창한 봄날을 기다린다. 봄날이 가면 여름 가을이 오듯이, 맑은 날이 지나 구름가린 흐린 날도 자연스레 익숙해진다. 낯선 체험을 넘어서 익숙해질 때쯤이면 좋아하게 된다. 여러 모습의 세상이 있듯이 날씨도 변화무쌍하다. 비가 날리는 어느 봄날, 맛집 커피를 마셔도 졸음이 찾아 온다. 아스팔트 문명답게 거리는 온통 시멘트 색깔로 덮혀있다. 도심 한 가운데 어렵사리 자리 잡은 저 나무는 어떻게 뿌리 내리고 있나. 시멘트 콘크리트 사이에 정사각형 자리가 그 나무의 뿌리 잡은 터다. 푸르름을 자랑하나 싶더니만 한 쪽 귀퉁이가 말라 자연스럽지 못하다. 도심에서 외롭게 살아가려는 몸부림이기에 어니 성한 구석이 없다. 저 나무처럼 우리 인간들도 어느 한 곳 병들어 있다. 애써 무시하기도 해보고, 알고도 어쩔 수 없어 그냥 방치하기도 하면서 아픈 구석을 바라보지 않는다. 잠이 들기 전에 오늘을 힘들게 살아 대견한 몸이 불편하지는 않은지 살펴 위로해 줘라.

1/2

　등산을 해 보자. 오르막이 있으면 내리막이 있기 마련이다. 올라갔다가 내려오지 못한다면 음식을 먹는데 배설이 되지 않는 변비 현상과 유사하다. 변비는 병이니 고통스럽다. 산다는 건 순환이 되어야 한다. 4시간의 수업이 있다. 2시간은 오르막처럼 버겁다. 나머지 2시간은 내리막처럼 느껴진다. 인생도 비슷하다. 봄, 여름이 더디면 가을, 겨울은 빠르다. 객관적인 시간은 동일하지만, 생각과 인식의 오류 때문인지도 모른다. 어떻든 좋다. 계획한 일의 반이 찰 때까지는 인내하고 참고 견뎌라. 나머지 반은 신이 자연스레 결과를 내 줄 것이다.

믿음과 암기

　과학은 (자연·사회) 현상을 기술하고, 인과관계를 설명하고, 예측하며 처방하기를 즐겨한다. 인간은 현상을 안다고 말한다. 마음공부를 하면, 인간이 안다고 하는 영역은 대부분 환상에 지나지 않는다. 몽상과 신기루인 이유는 하나의 점이 있다면, 그 점은 평면에 있을 뿐인데, 인간이 점을 둘러싼 원을 그리면 그 점은 원안에 있는 점이 되는 것이다. 이처럼 인간이 기준과 한계선을 긋는 순간 갈등과 분쟁의 씨앗이 된다는 것이다. 이념 논쟁만 보더라도 이념이라는 잣대를 대고 보는 순간 분류하고 평가하며 차별하는 마음이 이는 것이다. 세상을 그대로 받아들이고, 집착하지 않고 놓아주기를 하면서 들숨과 날숨이 자연스럽듯, 세상 바라보기도 집착 없는 평강함으로 하라는 메시지를 준다. 몸도 마음도 죽음으로 사라진다. 그것은 마치 더 넓은 바다의 파도와 같다. 파도가 일었다 사라지지만 바다는 영원하다. 인간이 생과 사를 밥먹듯이 해도 인간의 영혼은 하나이며 영원하다는 것이다. 영혼은 우주 만물의 근원이기에 변화하지 않고 영원하다. 기독교인이 예수님의 부활을 믿는 것이나, 불교 신자가 부처님을 믿는 것과 유사하다. 광활한 우주 세계를 보면서 우주의 시작과 끝이 있는가를 과학하는 행위는 어쩌면 부질없는 것인지도 모른다. 끝을 알 수 없는 광활함을 마주하면서, 유한하더라도 그 규모가 너무나 광대하다면 무한대라고 하더라도 틀리지 않다. 어차피 인간의 인식능력이나 인간의 힘으로는 증명할 길이 없기 때문이다. 도저히 알 수 없는 영역이라면 과학으로 논증하지 말고, 믿음의 문제라 귀결한다. 믿느냐 믿지 못하는가의 선택만 남는다. 극단적인 에고(자신)의 삶이 불필요한 에너지를 쓸데없이 많이 사용해서 인간 삶이 힘들다면 가끔 추억하듯이 마음수련 공부로 터득한 우주와의 일체감을 느껴 보는 것도 나쁘지 않다.

다양성

　결혼으로 가정을 이룰 때 단순한 선택지는 다음과 같다. 성향이 비슷한 사람 또는 성향이 정반대인 사람 두 극단의 사례를 두고 선택해야 한다면 당신은 어떤 선택을 할 것인가? 현실은 비슷한 면과 상반되는 면을 함께 아울러 가지고 있을 확률이 높다. 같은 생각과 철학을 공유하는 사람과 어울리기는 쉽다. 같은 무리와 어울리다 보면 다른 생각과 관점에 대응하는 능력이 떨어져 외부로부터의 위험에 쉽게 노출되기 쉽다. 서로 다른 이질성이 종족을 발전시키는 원동력이 된다. 평지를 흐르는 물은 고요하고 잔잔하다. 높은 곳에서 낮은 곳으로 향하는 물은 떨어지면서 에너지를 발산한다. 달라서 갈등과 긴장을 생산하면서 에너지를 분출하게 되는 것이다. 다름에 긴장이 조성되어 발달의 원천이 되기도 한다. 극단적으로 이질적인 것은 전쟁과 같은 원하지 않는 현상을 초래하기도 하시만, 조화로운 이질성은 발전의 원동력이 된다. 서로 다름을 인정하고 그 차이에서 성장의 모티브를 찾는 지혜를 갖추도록 하자. 건강한 인간관계의 출발점은 너와 나는 각자의 생각과 느낌과 마음을 가지고 있으므로. 서로 다르다는 것을 인정하고 존중하는 데서 출발해야 한다.

꿈

꿈이 있었습니다. 오늘같이 퇴직하는 날 마치 교수님 정년퇴직할 때 마지막 소회를 강의하고 싶었습니다. 국회의 문화에 없던 것이라 꿈을 글로 대치합니다. 젊음을 함께한 이곳은 정이 들어 그래서인지 추억어린 구석이 많습니다. 국민의 시각에서는 고쳐야하고 바꾸어서 개혁해야 할 구석이 많다고 하겠지만, 훌륭하고 출중해 배우고 성장하기에 좋았습니다. 대부분의 선배님께서 퇴직하기 싫어하셨으니까요. 지금도 제가 첫 만남에서 퇴직하신 분께서 동산을 걸으며 이 좋은 직장을 그만둬야 한다며 아쉬워하던 말씀이 생생합니다. 그 말의 의미를 깨쳐 저는 퇴직할 때 너무 힘들어 이제 떠남이 옳다고 자신할 즈음까지 피터지게 일하자 다짐했습니다. 토 일에도 혼자 사무실 문을 잠그고 자신과의 한계에 도전해 보곤 했습니다. 지난 시간을 추억하며 역시나 사람이 좋았습니다. 일이 많고 힘든 부서일수록 좋아 능력 있어 매력 있는 분들이 많았습니다. 조직이 살려는 몸부림이겠죠. 다행히 저도 몇몇 부서에서 좋은 귀인과 맺은 인연으로 지금 좋은 추억을 안고 정든 곳을 떠납니다. 퇴직해서도 그 분과의 추억은 오래오래 간직하겠습니다. 감정이입 능력이 있던가요. 퇴직하는 선배님의 뒷모습을 바라보며 오랜시간 생각과 염려를 하곤 했습니다. 아직 한창나이에 제2의 인생을 펼쳐, 마치 허공에서 낙하산을 무사히 펼쳐 즐기면서 남은 인생길을 잘 걸어가길 기원하며 말이죠. 혼자 헤쳐나갈 인생길에 그 청춘 다 보낸 국회가 든든한 배경이 되었으면 좋겠다는 희망도 함께 했습니다. 그러던 어느날 문득 저의 주변에서 겉돌던 사랑이 외로워 힘들어함을 눈치채곤 재빨리 끌어 안았습니다. 진실한 사랑으로, 가장 싫어하는 걸 품었을 때, 세상은 평화와 고요하게 변했습니다. 무성영화의 정지된 화면의 멈춤에서 경계없는 무한세계로의 표를 받은 특권을 누렸습니다. 부족한 인간에 향하던 측은지심이, 온전하게 사랑과 자유로 변했습니다. 사랑하는 후배님께 존경과 감사를 드립니다. 한 분 한 분의 소망이 이곳에서 사랑으로 열매맺어 또 만나는 날 행복 가득 나누도록 약속합시다. 우연히 길가다 스쳐지날 때 저의 향기가 님에게 친근하게 느끼게.

 위기는 친구를 발견하는 기회가 됩니다. 공중파의 보도로 위기에 처했을 때. 회의상황으로 책임에서 자유롭지 못할 때, 이해하고 진실을 규명해준 분은 지금도 은인으로 마음에 새겨두고 있습니다. 어려울 때 옆에서 응원해주고 지켜주는 분이 있습니다. 그 분의 감사함과 진실규명의 열정은 지켜 배워주십시오. 책임과 사랑 우정있는 동반자가 되어 줄 친구입니다.

 돈을 버는 건 돈으로부터 자유롭기 위함입니다. 권력도 명예도 마찬가집니다. 그렇다면 얼마를 채워야 자유로운 상태가 될까요. 사람마다 기준치는 다르겠죠. 아마 채워지지 않을 목마름만 있을 뿐이죠. 더 더 원할테니까요. 파도가 바다를 알까요. 유한이 무한을 알 수 없죠. 한계를 가진다면 한계 없음을 알 수 없죠. 믿음으로 치환해버리죠.

 술은 경계선마저 무너뜨리는 위험에 노출하기 쉽습니다. 50이 넘어 맥주 맛을 알았을 땐. 휴일에 시원하면서도 보리 맛이 주는 혀끝에서의 즐거움. 진실은 경계선을 넘지 않고 지켜 즐기는 그 지점에 있습니다.

커피 타임

 만화작가가 편의점에서 일으킨 한 생각의 내용을 전해 들었다. 일요일에도 만화 그리기로 바쁜 일상을 보낸 작가가 편의점을 들러 물건을 구입한다. 편의점 직원의 서툰 행동에서 처음 사회생활을 하며 바쁜 일상을 보냈을 거라 추측한다. 작가와 직원이 서로 다르지 않다는 것을 어렴풋이 인식한다. 선각자는 나와 남이 다르지 않고, 나와 세상이 같다고 표현한다. 평범한 우리 인간은 에고에 사로잡혀 나와 남을 구분하고, 다르다고 인식한다. 차별하고 구분하는 삶에 익숙한 우리는 관념이나마 나의 경계를 허물려 해도 쉽지 않다. 작가와 점원이 같다는 건 아마도 느끼는 감정을 가지고 있고, 나름의 생각을 하며, 인간으로서의 마음과 영혼을 가진다는 공통점에 주목하면 동의할 수 있을지 모른다. 감정의 느낌과 표현에 정도의 차이는 있을지라도 근본적인 인간 소양은 같을 것이다. 인간이라면 눈, 코, 입, 귀는 공통 사항이다. 그 모양은 서로 달라도 기능은 같다. 작가와 점원의 동일화 경험이 반복되고 축적된다면 나와 세상이 같다는 선인의 깨침이 자연스레 스며들지도 모른다. 세상과 나와 일체감을 의도적으로-머리속으로-느껴보려하면, 세상이 떨어져 있지 않고 더 크게 와 닿는 경험을 한다.

요즘 사무실에 난이 춤을 춘다. 사무실 난을 키워봐도 이렇게 난 꽃들의 향연을 바라보기는 처음이다. 무슨 경사로운 일이 있단 말인가. 바뀐 건 사람뿐인데, 사람 때문에, 귀한 사람의 기운 때문에 이 난 꽃이 활짝 피워 반기는 건가 싶다. 이 꽃이 피고 지면 저 꽃이 피고 지고 릴레이로 꽃을 피워 은은한 향기와 멋을 더하니 꽃들의 천국이 바로 여기다. 꽃대에 품은 이슬은 난이 품어 뿜어내는 기쁨이다. 세상과 같아져 난과 에너지를 교환할 수 있다면 얼마나 좋을까. 이렇게 아름답고 향기로워 경이로운 난의 자태에서 자연의 엄숙함과 고요함을 느껴 정지된 움직임, 인간의 모습에서 동작을 뺀 정지가 주는 평온함을 느끼게 된다. 천국이란 움직임에 숨은 고요함과 정지됨에 숨은 보물이다.

난의 꽃은 신비롭다. 은은한 향기와 뿌리 사이를 뚫고 오르는 강인함은 가냘픈 모양과는 전혀 다른 모습이다. 부드럽고 온화하나 강함을 품고 있다. 난의 꽃은 달고 단 꿀을 머금는다. 이슬인가 싶을 정도로 보이는 색은 투명하다. 초롱한 물방울처럼 맑아도 그 맛을 보면 꿀맛보다 더 달콤하다. 꽃이 지면 그 흔적을 찾을 수 없으니 이 또한 경이롭다[7]. 자연의 조화와 이치를 그대로 품고 보여주니 난으로부터 성장을 배운다.

---

[7] 아하, 쎈스 있는 직원이 몰래 지고 난 꽃대를 잘라 버렸다고 한다.

돈에 관한 생각

돈에 대한 집착이 얼마나 강한가를 실감하는 하루다. 마음공부와 성찰의 경험으로 평온함을 발견하고 유지하려는 건 달성하지 못할 목표를 추구하는 행위다. 시한부 인생이나 건강의 위험을 느낀 사람이 그것을 화두로 삼아 깨쳤다고 본다. 그만큼 인간은 위험이나 고난이 없으면 깨침은 불가능하다. 죽음이 덮어버린다는 사실을 알고도, 마치 죽음은 전혀 다른 사람의 일처럼 무시하면서 영원히 육체로 살아갈 것이라는 엉터리 같은 믿음을 가지고 사는 우리기에 에고를 고집하며 허구의 인생을 살아가는 것이다. 죽음에의 기억이야말로 오늘을 사는 우리를 천국으로 인도하는 지름길이다. 인간에게, 아니 자연이 주는 죽음의 거울에 비추어 보자. 그 거울에는 아무런 상(image)도 있을 리 없다. 불경에서의 색즉시공이란 용어가 딱 맞다. 없다기보다는 공하다고 표현해야 옳다. 돈은 사람이 만든 수단이요 부산물이다. 인간이 자본주의 사회를 구축하고 영위하는 데 기름과 같은 존재다. 사회를 운영하는 데 돈은 흘러 순환하는 매체다. 그 돈에 인간은 많은 것을 붙여, 돈에 집착한다. 돈으로부터 자유를 찾자. 돈이 있다고 뭘 하지도 않을거면서 돈은 왜 찾고 집착하는지 모를 일이다. 돈이 많으면 돈에 자유로와야 하는데 집착하는 마음이 일어나니 욕심이 한이 없다. 죽는다면 돈을 어떻게 가치있게 쓸 것인가, 돈을 많이 가지고 있다면 행복한가. 창고에 쌓아두면 짐이 된다. 활용하도록 하라. 세상이 즐겁게 하라. 나도 즐겁다. 난이 춤추게 하라. 당신도 춤추게 된다.

글 쓰는 기쁨과 위안

　노년에는 입은 닫고 지갑을 열어라는 격언이 있다. 이런 말이 역사를 뚫고 살아남은 그 바탕은 아마도 노년이 실행하기 쉽지 않기 때문일 것이다. 노년은 말이 많은 사실을 인정한다. 노년을 위한 변명을 하자면 그만큼 노년의 인생은 젊음과 세상의 경험을 더 많이 한 까닭이다. 무대가 바뀐 줄을 모르고 예전의 무대에서 적합했던 대사와 역할을 후배에게 알려주게 되면 전혀 도움이 되지 못하고 오히려 꼰대라는 오명을 뒤집어쓰기 일쑤다. 연설이 은이라면 침묵은 금이라는 말이 딱 맞는 표현이다. 입 다물고 지켜보며 응원하는 모습이 훌륭하다. 그래도 말하고 싶다면 감히 권고하나니 글로 표현하라고 말하고 싶다. 하고 싶은 말을 글로 써서 남겨두면 좋은 장점이 많다. 말은 휘발성이 강해 그 시간 그 장소에 있지 않으면 알 수 없으니 남겨두지 못한다. 말은 상대방의 느낌과 표정과 반응을 보며 수정할 여지가 있으니 또한 나쁘지 않다. 그렇지만 말은 시공간의 제약이 있을 뿐만 아니라 상대방의 시간과 자유를 박탈하는 악재가 되기도 한다. 화자는 말에 빠져 시간 가는 줄 모른다. 이렇게 되면 더 난감하다. 청자는 자유를 잃어버리고 지루함과의 싸움에 접어들지도 모를 일이다. 글로 표현하는 말은 시공간의 제약을 벗어날 수 있다. 지금의 이 글 또한 먼 미래의 세대가 읽어 느낄 수도 있는 것이다. 글은 수용자의 자유를 박탈하지 않는다. 재미 없거나 관심이 없는 글이라면 마땅히 읽지 않으면 되기 때문이다. 읽지 않으므로 독자의 시간을 뺏을 이유도 없으며 자유를 박탈하는 오류는 더더욱 없다. 다행히 독자가 관심을 가지고 재미있게 이 글을 읽게 된다면, 어쩌면 독자는 필자가 발견해내지 못한 지혜의 다른 조각을 발견하게 될지도 모른다. 그 가능성이 매우 크다. 즉석에서의 대화에서 얻는 지혜보다 생각을 가라앉히고 성찰하는 독서의 과정에서 깨칠 가능성은 훨씬 높을 것이다. 시청각 TV 시청보다 라디오 청취로 상상력을 더 자극하는 것과 같은 이치다. 글을 읽을 때 그 글의 의미를 따라 상상의 나래를 펼쳐보라. 또 다른 세상이 펼쳐지는 경험을 하게 될 것이다. 노인이여. 말하고 싶다면 지금 당장 하얀 종이에 검은색 마술을 펼쳐 보라. 당신이 상상하는 세상을 펼쳐보라. 사랑하는 후손이 그 상상의 세계에 빠져들 수 있도록 말이다.

상념

 휴일이라 여유로 길을 나선다. 굳이 출근해야 할 의무가 없기에 사무실로 나서는 발걸음이 가볍다. 출근해야 하기에 나서는 길과는 느낌이 다르다. 외형상의 모습은 같으나 마음이 홀가분한 것은 의무와 책임에서 자유롭기 때문일 것이다. 일상에서의 자유로움이란 이렇게 한 사람을 평안하게 한다. 세상은 촘촘한 규율과 약속의 실타래라서 의무와 책임으로 살아가기가 쉽다. 한 사회의 책임 있는 구성원으로서 의무감을 가지는 것이 나쁘다고만은 할 수 없다. 적당한 수준의 의무감에 상응하는 자유로움이 아름답다. 사회의 약속은 인간답게 잘 살기 위한 수단이다. 그 약속에 집착해서 목표-수단 전치주의 현상을 초래하는 우를 범할 필요가 없다. 공부를 하고, 수행을 하는 것도 마찬가지다. 알고 깨쳐 그 상태를 유지하려면, 나날이 깨침에 소홀해서는 아니 된다. 마치 놋그릇의 녹을 매일매일 닦아야 하듯이, 인간의 마음가짐이란 것도 시시때때로 점검하지 않으면 안 된다. 성정은 스프링과 같아서 잠시라도 소홀하면 어느새 그 자리를 차지하고 있다. 깨쳤다고 하더라도 방심한 사이에 번뇌와 갈등, 시기와 질투가 난무하는 그 모습을 돌아보고 있다. 세상의 유혹이란 쉽게 끊기 힘들다. 술과 담배에 탐닉하는 사람이 그 술, 담배를 끊으려 시도해도 쉽게 성공하지 못하는 것처럼 말이다. 바쁜 일상에서 매일 습관 들여 성찰하기도 쉽지는 않다. 습관이 일상이 되어 늘 함께 하는 성격이 될 때까지 지금의 수행공부를 꾸준히 반복하겠노라 다짐한다.

 20년을 넘게 걷는 길이다. 나무며 꽃이며 풀이 사계절로 향연을 벌인다. 그 길을 걸었으나, 눈을 사로잡은 것은 향나무 주변에 심어 둔 장미 넝쿨 나무다. 누군가 장미 넝쿨을 심어둔 것이다. 왜 그랬을까? 자세히 살펴보니 향나무는 반은 살았으나 반은 죽어 굳어 있다. 죽은 쪽 공간을 차지한 네 그루의 장미 넝쿨은 곧 죽은 나뭇가지를 휘감을 태세다. 인간이 그렇게 만들려고 심어둔, 인공이 채색되었구나. 향나무 한 그루에서 삶과 죽음을 본다. 반은 살았으나 나머지는 죽었으니, 죽은 가지는 잘려 나가거나, 넝쿨 가지에 휘감겨 그 존재를 숨겨야만 하는 처량한 신세다. 생물은 살아 버티는 것 자체로도 존중과 경외를 받을 가치가 있다. 병이 깊어 병원을 찾는다면, 인간의 존엄성과는 거리가 먼 상황이 전개될 개연성이 높다. 사회에서 소외된 어려운 사람을 특별히 관심을 가지고 따뜻하게 보호해야 하는 것도 바로 이런 이유에서다. 향나무에서 애써 눈을 돌려 사무실로 향하는 발걸음은 사뭇 다르다. 죽음과 삶을 함께 보여준 향나무를 통해 세상을 바라본다. 지금 이 공기는 눈에 보이지 않을 뿐 공간을 꽉 채워주고 있다. 마찬가지로 우주에는 암흑물질이 아주 많다고 한다. 인간의 눈으로 볼 수 없고, 인식할 수 없다고 해서 존재하지 않는다고 단정 지을 수 없다. 불이문이 있는 사찰이 있다. 불(아닐)이(둘)문의 뜻은 둘이 아니라는 것이다. 둘이 아니라면 바로 하나라고 단정짓기 쉽다. 둘이 아니라는 것이 하나라는 뜻일까? 둘이 아니라는 것이 하나라는 말과 동의어는 아니다. 둘이 아닐 뿐. 인간은 주관과 객관, 선과 악, 참과 거짓, 옳고 그름과 같이 두 가지 극단의 잣대로 세상을 규정하고 측량하려 든다.

마음의 잣대에 이런 측량자가 없다면 선택과 판단이 곤란하다고 주장한다. 주장의 옳고 그름을 따지기 전에 세상은 다양하나 전체로 조화로와 하나의 공연과 같다. 가끔씩은 눈에 보이지 않는 그 무엇을 경이롭게 느끼면서 세상이 펼쳐지는 그 자체를 그대로 바라보기로 하자. 나의 생각과 의견을 투영하기보다, 마치 무대의 연극을 바라보며 감상하는 관객의 시각으로, 세상을 무대 공연 보듯이 관찰자의 시각으로 흥미진진하게 감상해 보자. 세상의 향연은 그 어떤 연극이나 영화보다도 드라마틱하고 감동을 주는 생생하게 살아있는 공연이라 순간순간 감탄과 기적을 체험하게 될 것이다.

그럴 수도 있지

　인생을 생로병사로 정의한다. 생로병사의 공통점은 고(고통)라서 인생의 고통의 바다를 건너는 여정이라고도 하겠다. 고해의 바다에서 허우적거리다 마치는 삶이 인생인가 반문해 본다. 고(괴로움)와 낙(즐거움)이 다르지 않아 고해의 바다라도 즐거움의 바다와 다르지 않다. 어쨌든 청춘이 멀어질수록 주변에서 아프다는 소식이 전해온다. 어린 마음에는 아프지 않도록 기도하고 염려하는 마음이 컸다. 이제 병과 친구를 해도 괜찮은 나이가 되어서인지 사뭇 마음 자세가 변했다. 약 10년 전의 일이다. 해외 파견 근무를 떠나기 전에 만나 인사드린 선배님의 부고 소식을 몇 달이 채 지나기도 전에 전해 들었다. 수려한 용모에 술, 담배를 하지 않아 모두의 존경을 받던 분이다. 선하고 바른 생활의 사나이를 하늘에서 먼저 찾는 건 하늘 나라에도 의인의 영혼이 필요한 이유 때문이라 애써 위로한다. 아니면 이곳이 지옥이라 선한 사람을 빨리 천국으로 모셔가는 건지도 모르겠다. 평소에 건강하던 분이 병을 만나면 그 고비를 넘기 힘들어 한다. 잔병치레가 많은 사람이라면 병과 불편함을 친구로 삼아 관리하기 때문인지 비교적 장수하기도 한다. 병이 찾아 오는 전조가 보이면, 인간이 할 수 있는 주의와 조심을 미리 해두면 나쁘지 않다. 만약 병이 들어왔다면 친구로

환영해주라. 멀리하고 떨치려고 할수록 그 병이 붙어 떨어지지 않는 경향이 있다. 손님은 하룻밤 묵고 떠난다. 병이 손님으로 대해서 머물다 떠나게 하라. 집착해서 주인되면 안방을 차지하려 들거다. 손님으로 대하는 방법은 극진하게 대접하되 집착하지 마라. 어차피 떠나보내야 할 객이니까 말이다. 병이 좋아하는 사람은 역행하는 거다. 강물이 흐르는 방향으로 걸으면 힘들지 않으나, 거슬러 오르려면 어렵고 힘이 많이 든다. 세상의 이치와 진리를 어렴풋이 깨달아 순응하며, 받아들이며, 흘려주면서 살아간다면 마음의 평화를 유지하면서 인생의 배를 순항할 수 있다. 아픔을 쥐지 말고 흘려보내려면, 아픔이 찾아오더라도 그럴 수 있지라는 마음으로 관용과 허용하는 발심을 해보라. 그럴 수도 있지. 괜찮아. 잘했어.

관념을 가진다는 것

 지금 당신 앞에 전개되는 상황이 그대를 불편하게 하는가? 그런 사람은 자신의 주관을 가진 거다. 마음에 들지 않는 사람이나 사건이 눈앞에서 펼쳐진다면, 당신의 관점에서 볼 때 그 사건이 좋지 않은 것이다. 같은 사건을 보는 다른 사람의 평가는 전혀 달라도 아무런 문제가 없다. 그대가 필요 없다고 버린 물건이 다른 어떤 이에게는 귀중한 것이 되기도 한다. 세상을 바꾸는 방법은 마음을 변화시키는 방법이 가장 빠르다. 열정과 노력을 다해 세상을 변화시켜보려 해도 쉽지 않다. 마찬가지로 마음을 바꿔 세상을 변화하는 방법도 마음 먹기 또한 어렵다. 일체유심조라는 말이 있으나 실천하기는 하늘의 별 따기다. 가끔은 당신의 마음과 생각을 텅 비게 만들어서 공간으로 꽉찬 허공으로 만들어 보자. 비었으므로 꽉찬 세상을 보게 될 것이다.

휴일에 출근

경제학에서 배운 한계효용체감의 법칙은 이렇다. 사과를 처음 한 개 먹었을 때의 효용(만족)이 100이라면, 두 번째 사과를 먹었을 때는 그 효용(만족)이 100보다 적다는 것이다. 한계라는 뜻은 하나 또는 아주 미세한 만큼 증가하는 것을 의미하는데, 재화를 소비하는 데 있어 한계효용이 체감한다는 것을 법칙으로 삼고 있다. 아무도 없는 휴일에 사무실에 출근하면서 과거와는 달라진 모습에 사뭇 놀랍다. 새내기 시절이라면 휴일에 사무실에 출근하는 건 끔찍한 일이다. 휴일 뉴스 시간에 사무실 건물만 보게 되어도 업무 생각에 휴일의 자유로움을 놓쳐 언제부턴가 뉴스를 시청하지 않게 되었다. 직장 상사께서 휴일에 출근하라고 했을 때는 억지로 사무실에 왔을 정도다. 지금은 아무도 휴일에 나오라는 사람이 없고, 의무도 없음에도 이렇게 사무실을 지킨다. 사무실에 출근하는 행위는 사과를 소비하는 행위와는 달라서 한계효용체감의 법칙이 적용되지 않는 것일까. 출근은 시간을 소비하는 행위라고 한다면 시간을 소비하는 데 있어서 한계효용체감의 법칙은 무용지물인가. 시간을 재화로 보고, 이 법칙을 적용해보면, 젊은 날의 시간이 노년의 시간보다 더 큰 효용을 주는 거라는 귀결이다. 어린시절 하루가 길었으나 노년의 하루는 전광석화와 같으니, 시간의 효용가치도 설명이 가능한 법칙이다. 사견으로 노년의 시간이 빠르다는 건, 일상에 감동 받음이 상대적으로 적어서(청춘보다) 젊은이나 노년이나 똑같은 24시간 하루에 펼쳐지는 인생 경험을 체험하며 느껴 기억하는 사건이 적기 때문이 아닐까 한다. 출근은 시간 소비 행위이기도 하지만 생산활동이기도 하다. 사무실에서 사용하는 시간은 집에서 휴식하는 시간의 기회비용이기도 하다. 어쨌든 이 시간 사무실에서 즐겁게 업무를 보면서 드는 생각은 이 공간과 이 행위를 할 수 있는 시간이 많지 않다는 것을 인식하고 있기 때문일 거라는 거다. 퇴직을 목전에 두고 있는 직장인이기에 남은 근무시간이 더 소중하고 귀하게 활용하고 싶은 거다. 자칫 노년의 시간은 뜻하지 않은 이유로 요양원이나 병원에서 소일하기 쉬운데, 앞길이 창창한 젊은이와는 달리 노년의 하루는 더 귀하게 활용해야 하는 건지도 모른다. 죽음에 물들지는 않되, 죽음을 기억하는 것은 더 열정과 기쁨으로 즐겁게 충만한 삶을 사는 기폭제가 된다. 2-30년을 더 의무적으로 다녀야 하는 젊은이와 2-3년이면 떠나줘야 하는 직장인이 사무실에서 업무를 대하는 자세가 같기를 기대하기는 이치에 맞지 않다. 끝을 보고 기억하면서 그 과정에 충실하도록 한다.

노년 존중

회의장에서의 에피소드다. 노년에 접어든 위원 간의 대화다. 나이가 들어보니 한 살이라도 많은 분께 존경의 마음이 저절로 든다. 하루하루 달라지는 육신의 변화를 체험하면서 세월을 견뎌 버티는 노인에 대하여 경외의 마음이 든다는 것이다. 그리고 보면 아이는 아이대로, 청춘은 청춘대로, 노년은 노년대로 그대로 존중을 받아 마땅하다. 오늘 하루도 잘 견뎌낸 이들에게는 기적이라는 선물을 받을 충분한 자격을 가졌다.

솔직함에 대하여

세상이 쉬운 것처럼 보여도 간단하지 않다. 동일한 행위나 생각일지라도 상황에 따라 맞기도 하고, 맞지 않기도 한다. 도(길)를 깨친다는 건 이런 상황에 적합한 생각과 행동을 적절하게 행한다는 의미도 있다. 솔직함도 마찬가지다. 솔직함이 모든 상황에 통하는 미덕은 아니다. 거짓보다는 솔직하라고 익혀 배웠기에 솔직함이 미덕이라고 착각하기 쉽다. 세상은 과하면 설 자리가 없다. 솔직함이 과하여 세상이 부담으로 받아들인다면 그 솔직함은 절제되어도 좋다. 세상이 모두를 드러내 보이지 않듯이, 솔직함도 살짝 감춰 숨은 미덕을 발휘한다면 그 솔직함이 더 빛날 것이다. 물들거나 때묻지 않는 순수함으로 솔직함을 아름답게 포장해 보자.

세상에 알려서 좋을까 싶다. 세상에 드러내면 좋다 싶어도 후회를 남기는 불완전한 인간의 모습에 기인한다. 사랑하는 이 마음을 품고만 있어야 한다는 건 또 다른 고문에 가깝다. 그래 가끔 사랑한다고 고백하는 솔직함도 좋다. 아무런 문제 없다. 그럴 수도 있지 뭘 그래. 암흑물질이 우주에 큰 비중을 차지한다고 하니 조금 감추고 보여주지 않는 신비감이 자연스러운 것인지도 모른다. 그러니 자연스럽게 살아가려면 조금 감추기로 하자. 적당히 드러내고 조금은 감추면서 진실과 거짓을 조화해 지내보자.

떠나는 사람 보내드리기

속된 표현으로 오는 이 막지 말고, 가는 사람 잡지 말라 했다. 마음에 적용해보면 받아들이기와 흘려보내기다. 얼핏 보면 받아들임과 흘려보냄은 상치되는 개념으로 보이는데, 자기를 두고 외부의 흐름에 그대로 순응한다는 점에서는 같다. 조작하지 않고 그냥 자연의 순리와 이치에 따른다. 마치 순풍에 돛단배를 띄워 바람부는 방향에 맞춰 유유히 떠가는 한 척의 배처럼 자연을 거슬러 역행하지 않는다. 인연이 다가와 맺어야 할 시기라면 흔쾌히 반기고, 그 인연이 다 해 떠나야 할 때라면 보내주는 미덕도 자연스럽다. 어린시절 방학 때 찾은 외할머니의 만남이 이랬다. 할매!하고 큰 소리로 부르며 마당 문을 들어설 때면 만남의 기쁨이 크다. 그동안의 이야기 보따리와 소식을 전하고, 아랫집 어른께 드린 큰 댓병의 소주와 담배를 풀어헤친다. 도란도란 이야기와 음식 나누기는 방학을 수놓은 추억이다. 헤어질 때가 다가오면 이별의 쓸쓸함을 미리 느껴 아쉽다. 어느새 금방 다가와 떨어짐을 재촉하는 건 시간이 아니라 마음이다. 함께 하고 싶은 마음이 크기에 그 마음은 싫게 다가온다. 만남이 좋다는 분별의 마음과 그 마음을 잡으려는 집착이 일었으니, 헤어짐을 분별하고 싫어하는 마음이 자연스럽다. 지혜로 꿰뚫어 본다면 만남과 헤어짐을 그렇게 분류하고 집착할 성격의 것이 아니다. 만남에는 헤어짐이 숨어 있으며, 헤어짐에는 만남이 또 숨어 있다. 만남도 헤어짐도 분별한 것일 뿐 사람이 살아가는 모습이요 인생 여정일 뿐이다. 어느 시점에서 끊어서 잣대를 들이댄 것일 뿐이다. 흐르는 강물이라면 흐를 뿐인데, 인간의 생각으로 끊어치고 갈라쳐 이렇고 저렇다 판단해 봐도 강물은 그냥 흘러 바다로 향할 뿐이다. 좋고 싫은 것도 분별하는 마음에서 일어난 것일 뿐 자연스런 지금에는 좋고 싫다는 색깔이 있지 않다. 내 마음이 다만 그럴 뿐, 실상은 그저 그런 단백한 물맛과 같은 것이다.

한 때 찾아가는 서비스라는 명목으로 교육과 지식을 방문해서 전달하는 방안이 유행한 적이 있다. 수요자의 입장에서 꼭 필요한 재화와 서비스를 방문해서 제공해주고 받는 건 편리한 일이다. 일화로 고기를 좋아하는 직장 상사가 성실하게 업무를 처리하는 직원에게 매일 고기를 사줬다고 한다. 다행히 그 직원이 고기를 좋아한다면 금상첨화다. 만약 채식주의자라서 고기 먹기를 꺼려한다면, 직장인이 사주는 고기를 저어할 것이다. 내가 좋다고 상대방도 좋을 것이라는 생각이야말로 위험한 발상이다. 사람은 처해 있는 입장이나 환경에 따라 그 선호나 가치가 다를 수밖에 없고 그것이 오히려 당연할지도 모른다. 직장에서 경험이 쌓일수록 젊은 후배에게 해주고 싶은 경험의 말들이 많다. 가끔 시간을 내어 소중한 경험 보따리를 풀어보면 뒤끝은 후회가 남기도 한다. 말하는 입장에서 소중하고 귀한 경험일 뿐, 그 경험을 듣는 측에서는 전혀 쓸모없을 수도, 아니면 지금은 급한 다른 일이 우선순위에 있어 그 말에 귀담지 않을 개연성이 매우 크다. 지혜로운 대화법은 상대가 궁금해하는 질문에 응답하고, 자기를 드러내지 않는 자세가 필요하다. 나의 관점에서 소중한 경험이 상대에게는 무용지물이 될 수도 있다는 점을 인식하고 꼭 필요한 말을 품격있고 정확한 발음으로 전달하는 편이 좋다. 과거에 유용했던 경험 이야기는 지금의 시대상황과 무대에서는 어울리지 않을지도 모를 일이다. 상대와의 대화에서도 나를 내세우지 말고 나를 내려놓으면 오히려 자신이 편안해져 기쁨과 자유의 맛을 보게 될 것이다.

유튜브에서 본 미래

 미래를 내다본 사람들의 이야기는 신비롭고 충격이다. 한 때- 고3시절- 지구가 멸망한다는 노스트라다무스의 예언을 입에 올리며 굳이 공부할 필요 없다고 위안을 삼던 시절이 있었다. 1999년 지구 주변으로 행성이 십자가 형태를 띠게 되면서 지구는 멸망한다는 시나리오인데 지금까지 지구는 온전하게 버티고 있다. 지구의 나이가 38억 년쯤 되고 이후 이만큼의 나이를 먹으면 지구도 소멸할 것이라고 하니, 우주 만물에 영원한 것은 없다는 말이 실감난다. 지구의 미래를 3단계로 구분하고 있다. 1단계는 재난과 생활이 반복되는 삶이다. 2단계는 인구가 증가하면서 급격한 위기가 찾아온다. 이 과정을 통해 인구는 급속도로 줄게 된다. 3단계는 평화롭고 건전한 소비생활을 영위하면서 인간의 지성이 한 단계 업그레이드되는 시기라고 한다. 맬더스는 인구는 기하급수적으로 증가하는데 식량은 산술급수적으로 증가하게 되어 지구의 위기를 주장했다. 그 가설은 지금의 시점에서 꼭 들어맞다고 말할 수는 없지만 인구의 밀집은 또 다른 사회 및 환경문제를 야기하는 건 사실이다. 코로나19로 지구촌은 몸살을 앓고 있다. 정확하게는 인간이 위기에 처했다. 지구는 어쩌면 휴식을 취하고 있는지도 모른다. 지금이 2단계에 접어든 것인가. 3단계의 씨앗은 2단계에서 찾을 수 있을 것이다. 인간의 욕망을 자발적으로 절제하는 지혜로운 삶이 3단계를 준비하는 과정일 거다. 의식주 인간의 기본적인 욕구를 적절하게 관리하면서 인간의 생각과 행동의 차원을 높이는 노력이 생존에 이롭다는 체험을 느꼈으면 좋겠다.

나는 환생을 믿지 않았다를 읽고

정신분석의사인 브라이언 와이스 박사의 저서다. 캐서린의 병을 체면요법으로 치유하면서 저자가 듣고 느낀 점을 기록했다. 캐서린의 전생에서의 생활과 죽음 그리고 휴식이 반복되는데 윤회랄까 아니 인간은 영원히 죽지 않고 계속해서 환생한다는 메시지를 주는 것 같다. 마지막 구절은 아직도 여운에 남는다. 자연은 균형과 조화다. 지나친 건 자연스럽지 않다는 것이다. 우주 만물이 조화롭게 지내는데 유독 인간만이 욕망을 충족하기 위해 자연을 타인을 누르고 착취한다. 인간이 자연스런 조화와 균형을 따라야 한다. 인간은 오감의 신체와 비물질의 정신으로 구분을 하지만, 신체와 정신은 에너지로 서로 연결된다. 조화로운 인간은 절제하기에 행복을 찾게 된다. 절제는 과도하지 않아 행복은 그 안에 있다. 사랑, 신뢰, 희망, 자애 실천, 따뜻한 마음 베품 등 행동을 통한 실천은 변화된 의식상태(altered state of consciousness)에 도달하게 된다는 것이다. 이 모든 것은 인간이 불멸(영생, 죽지 않음)을 믿는데서 출발한다고 한다. 우연한 기회에 댓글에서 저서를 발견하고 읽게된 책이다. 책을 펼치고는 내리 읽게 되었다. 한여름의 더위를 잊게 해줄 만큼 강한 메시지를 담고 있다. 인류의 지성이 한 차원 높아지는 과정과 단계가 많은 인내와 기다림이 따라야 한다는 것을 알게 되었다. 세상의 모든 사건은 그때가 돼야 발현되고, 또 다른 때가 찾아오면 사라지는 건 자연의 이치라는 것도 깨쳤다.

인간의 관점

 사람이 사람을 평가하기란 불가하다. 인간의 존엄성을 가진 사람을 비평한다는 건 바람직하지도 않다. 실상은 평가가 난무하다. 각자의 잣대로 좋고 그름을 평가하는 행위는 사회가 합리성이라는 이름으로 발전하면서 더욱 심화되고 있다. 합리성이라는 잣대마저 들이대니 꼼짝할 수 없는 평가의 올가미에 걸리고 말았다. 사실 사람으로부터 받는 평가가 어떻든 너무 개의할 필요는 없다. 사람의 관점에 따라 좋고 나쁨의 평가는 당연한지 모른다. 사건이나 대상을 두고 어느 한 사람이 좋다고 평가하는 반면, 또 다른 사람은 좋지 않게 평가하기도 한다. 그만큼 절대적인 지고지순한 진리에 입각한 평론이 아니므로 어떠한 이야기라도 그냥 들어 흘려보내면 족하다. 가만히 보면 나 또한 상대를 평가하고 재단하는 데 익숙하다. 가능하면 평가하는 습성을 드러내려 하지 않아도, 오랜 습관이 몸에 베여서인가, 상대의 행동이나 태도나 말에도 어느 순간에는 평가의 잣대를 대고 있는 것이다. 사람은 위험에 노출되면 그 자리를 피한다. 따라서 위험에 처한 사람 주변에는 그 많은 친구가 일시에 사라지는 경험을 하게 된다. 위기가 기회라는 말이 이래서 통하는 거다. 위기의 순간을 지나고 나면 진짜 친구만 남는다. 힘들고 어려울 때 함께 지켜 버팀목이 되어준 친구야 말로 인생에서 가장 소중한 인연이다. 그 친구는 세상의 이치를 깨친 자이거나 우정이라는 이름으로 많은 세상의 욕심을 내려놓을 수 있는 용기를 가진 사람이다. 누군가가 위험에 처해 있거나 오해의 함정에 빠졌다면 용기내어 그 사람을 위해 변호하고 처지를 설명해줘라. 그 은혜와 공덕은 당신이 그대로 받아 누리게 될 것이다. 도움과 은혜를 받은 사람이라면 마땅히 그 기억을 오랫동안 간직하면서 살며 갚으려 할 것이다. 보답하지 못하더라도 그 마음을 잘 간직해서 적절히 표현할 수 있으면 좋다. 삶이 힘들고 어렵더라도 포기할 필요는 없다. 그 길에서 귀한 인연을 만나게 되는 행운의 기회를 맛볼 수 있다. 직장생활에서도 한 사람을 대할 때 부모님 대하듯 정성으로 행하라. 사람의 도움으로 큰 어려움 없이 좋은 성과를 향유하게 될 것이다. 가끔도 전략적인 선택과 행동도 필요하겠지. 그 전략에 따뜻하고 무한한 사랑을 담아라. 의도적인 행위에 따르는 부작용이 숨어 있겠지만 그 사랑이 지켜 순조롭게 할 것이다. 지극하고 순수한 사랑이 때묻지 않아 물들지 않게 보호해줄 것이다.

자연의 −막연한− 이치

　세상의 운행 원리를 이치라고 표현해 보자. 이치를 깨친 선각자가 남긴 말을 글로 남긴 경전을 보면, 깨침이 있다고 말하는 순간 깨침이 없다고 한다. 깨침이란 말이나 글로 표현할 수 없는 그런 것이라는 의미이기도 하고, 무엇인가 있다고 하는 것은 있지 않다는 의미라는 식으로 표현한다. 알 듯 말 듯 언어의 장난인 것처럼 알송달송하다. 그런데 자신을 가장 낮춰 작게 만들면 오히려 자신이 커지는 느낌을 받는다. 너무나 작아지면 자연은 크게 만들어주는 힘과 에너지를 가졌는지도 모르겠다. 사명감과 소명의식으로 그 본질에 충실할 때 아름답고 세상의 기운은 그에게 보상을 준다. 예를 들어 의사는 환자의 병을 치유하는 사람이다. 돈이 없는 응급환자를 치료해야 하나, 아니면 돌려보내야 하나. 대부분은 치료해야 한다고 말할 것이다. 자본주의 사회를 살아가는 우리가 행위와 판단을 돈이라는 기준으로 형량하는 데 익숙하다. 냉정히 의사는 의사의 본래의 모습으로 살아갈 때 세상은 그에게 합당한 보상을 준다. 자기 자신을 불살라 자기를 인식하고 그 소임에 충실할 때 그 모습은 아름답고 그의 행위의 결과 세상은 빛을 본다. 사회의 지도자라면 마땅히 자신의 사익을 챙기려 들기보다는 세상의 빛이 되는 행위를 선택하는 데 주저함이 없어야 한다. 진솔

하고 순수한 의무감에 기초한 행위에 따르는 보상은 절대자 또는 진리가 도와 부족함이 없게 해줄 것이다. 나(에고)를 잊고 자기다운 삶이 어떤 모습인지 상상해 보고 그 모습을 세상에 그려보기로 하자.

말이 많고 톤이 높은 이유

 예외도 있지만 청력이 좋지 못하면 자기도 모르게 목소리 톤이 높아진다. 상대는 무례하다 비난하기도 쉽게 하지만 알고 보면 그 사람의 따뜻한 성정 때문이니 오히려 존중하고 배려해야 한다. 말이 많다고 꼰대라 비웃지는 마라. 그 사람은 자신의 경험을 사랑하는 후배에게 친절하게 알려주고 싶은 거다. 그래도 듣기 싫다고. 그래! 그렇다면 한 귀로 듣고 다른 귀로 흘려보내라. 아하 그래 귀한 시간을 뺏었다고 불쾌하다면 그냥 자리를 박차고 일어나라. 당신의 그 행위를 이해하지 못한다면 꼰대라 딱지 붙여도 좋다. 말하고 싶은 건 겉으로 드러난 외형의 모습으로 한 사람을 단정 짓는 성급함을 주의하자는 거다. 물론 말하는 이도 자신의 핸디캡을 성찰하는 지혜가 필요하다. 듣기 힘들어 자신이 말이 많다면 솔직하게 상대에게 고백하라. 귀가 어두우니 조금 크게 말해달라고.

에너지와 사랑

녹화중계. 결과를 아는 경기는 재미가 없다. 정확하게는 흥미를 느끼지 못한다. 예상할 수 없어 스릴을 느끼려면 생중계 경기를 관람해야 한다. 인생도 마찬가지다. 결과를 알 수 없기에 과정에서의 스릴을 만끽한다. 진리의 바다를 알 수 없으므로 인생 여행이 즐겁다. 알고 나면 시시하리만큼 가벼운 인생인지도 모른다. 긴장되고 힘들어도 괜찮다고 말한다. 그 끝은 평등하고 같으니 치고 받고 싸워 갈등이 무슨 큰 의미가 있을까. 재미있고 드라마틱한 한편의 대서사시를 써보자.

서로 달라 차이가 크다면 함께 어울리기 쉽지 않다. 그렇지만 그래야 미래가 좋다. 끼리끼리 어울리면 현재는 좋으나 쉬이 동화되고 물들어 성장이 없으니 미래는 좋지 않다. 세상 이치가 이렇듯 오묘하다. 평지를 완만하게 흐르는 강물은 평온하나 정체되어 상하기 쉽다. 높은 곳에서 낮은 지점으로 떨어지는 폭포는 차이 때문에 에너지를 발산하고 깨끗한 물의 상태를 유지하기 좋다.

에너지의 흐름

보이지 않는다고 또는 모른다고 없는 건 아니다.

 장작을 태워 연기를 뿜는다. 담배는 타서 담배 연기로 발산하듯이, 음식물을 섭취하면 그 음식물이 잘게 쪼개져서 마지막으로 미토콘드리아로 변하고 에너지를 발산한다. 기화는 물질이 공기와 동화되는 기체로 변화하는 것을 말하고, 소화는 소화기관을 통해 작은 세포조직으로 쪼개는 과정을 말한다. 풍화든 기화든 세월의 흐름에 따라 물질이 잘게 부서진다는 점에서는 같다. 시간이 지날수록 엔트로피가 증가하고 물질의 무질서가 커짐에 따라 부서지고 잘라지며 그 물질의 형태를 상실한다. 그 과정에서 발산하는 에너지를 고려한다면 결과적으로 질량 보존의 법칙이 작용하는지도 모른다. 음식을 섭취하고 운동을 하는 것도 이러한 물질의 과정을 순조롭게 함으로써 인체의 건강을 유지하기 위한 노력이다. 생물은 이렇게 순환과 흐름이 적절하게 잘 맞아 조화를 이룰 때 그 형태를 보존할 수 있는 것이다. 세상이 움직이며 변하므로, 그 세상을 구성하는 개체도 함께 움직여서 조화롭게 보조를 맞춰야 생존에 유리하다. 모든 것이 움직이는데, 자신만 그 자리에 정지해 있다면 현기증을 느껴 불편할 것이다.

왼팔이 한 일을 오른손이 모르게

 세상에 드러내기를 신중하라는 의미다. 세상의 빛이 되는 좋은 일마저도 몰래하라는 격언은 다른 사람에게 불쾌한 감정을 느끼는 행위는 더더욱 주의해야 한다는 뜻이다. 선행이라도 드러나면 누군가의 질투와 시샘의 원인이 되기도 한다. 하물며 말이나 행동이 상대방을 자극한다면 좋은 반향을 얻기 어렵다. 양성평등의 가치를 교육현장에 녹이는 작업이 한창이다. 미래의 교원이 배우는 터에서 양성평등의 인식이 상대적으로 낮다고 하니 의외다. 예산사업으로 양성평등의 가치를 구현하려는 시도는 반대할 이유는 없다. 저출산 문제를 해결하기 위한 정책의 핵심은 현재 기성세대들의 행복인식도를 높여 미래 세대에게 이 행복을 물려주려는 희망지수를 높이는 것이다. 마찬가지로 양성평등 교육은 인간의 실존적 한계를 인식하는 인문학적 소양을 높이는 데서 출발해야 한다. 몇 가지 양성평등 교육기법을 모델링하고 그 모델을 소개하는 것으로는 생활에서 실천으로 양성평등을 구현하는 데 한계를 노정할 수 밖에 없을 것이다. 원조를 받는 국가에서 원조를 하는 국가로의 전환과, 선진국으로의 진입은 외형의 규모로 판단한 것에 불과하다. 진정한 선진국가의 대열에서 품격있는 선진국민이 되는 길은 외형의 성장에 걸맞는 내면의 질적 성숙을 갖춰야 한다.

당장에 자동차로 도로를 운전하다 보면 자발적인 책임과 의무에 얼마나 소홀한지를 느낀다. 횡단보도에서 보행자를 위협하는 운전습관은 고쳐야 할 고질적인 병이다. 선진국이라면 마땅히 보행자가 안전하고 여유있게 걸어 횡단하도록 운전자는 인내하고 기다려야 한다. 이것은 아주 간단한 사회 규칙에서 연유한다. 약자 보호의 원칙. 양성평등의 가치 역시도 인간으로서의 한계를 철저히 인정하고 서로 존중하며, 사회적으로 약한 사람에 대한 보호와 배려를 일상의 생활에 실천하면 자연스레 달성할 가치다. 양성평등이 필요하고 구현되는 삶의 현장을 보고 배우지 못한 세대이기에 교과서에서만 배워서 얼마나 실천하고 문화로 정착할 것인가는 의문을 가진다. 글로벌 시대라고 한다. 발전한 선진문물이나 문화를 배워 익히는 데 주저하지 말아야 한다. 사회의 하위시스템인 교육이 사회문화의 영향을 받을 수밖에 없다면, 과감하게 교육으로 사회의 운용원리를 조금씩 개선해보는 것도 나쁘지 않을 것이다.

코로나 19 확산의 두려움

 사람은 감각기관으로 인지한다. 시각, 청각, 후각, 미각, 촉각과 같은 오감으로 대상을 느낀다. 오감으로 느낄 수 없는 대상은 무시한다. 무시한 결과 신체나 생명의 위협을 느낀다면 그 대상은 두려움으로 변한다. 눈으로 볼 수 없는 균의 창궐은 건강을 위태롭게 한다. 방역과 백신으로 균에 저항해도 인간의 방심으로 생긴 틈을 침투한다. 마스크 쓰기와 손 씻기로 각자의 위생에 주의했음에도 균의 변이는 인간의 대응을 넘어선다. 요 며칠 사이 창궐하는 균의 확산이 예사롭지 않다. 여기저기서 확진자가 발생하니 그 숫자는 이미 하루 1,000명을 넘어섰다. 참으로 답답한 노릇이다. 초창기에는 확진자가 사망하는 사례가 많았다가 근래에는 확진자가 위험에 빠지는 사례가 비율적으로 적어지면서 인간이 잠시 방심한 탓도 있다. 변이 바이러스의 출몰도 그 한 원인이다. 균이 널리 퍼진다 싶으면 긴장하다가도 조금 진정된다 싶으면 이내 긴장의 끈을 풀어 헤쳐 버리는 인간의 모습은 참으로 가볍다. 두려움으로 바뀐 행동은 그 두려움이 사라지면 이내 물거품처럼 사라진다. 꾸준한 행동은 스스로 우러나와야만 지속할 수 있는 미덕이다.

듣기와 보기

청각의 반응속도는 약 0.13초이고 시각의 반응속도는 약 0.17초라고 한다. 빛은 소리보다 빨리 전달되지만, 눈으로 들어온 후 보인다고 느끼기까지의 시간은 상대적으로 길다. 개인의 경험을 후배에게 알려주다 문득 든 생각이다. 과연 말로 전하는 간접경험이 후배에게는 도움이 되는지 의문이 든다. 그렇다고 인생을 먼저 살아가는 사람이 사랑하는 마음을 담아 경험을 알려주는 행위는 필요하다고 본다. 후배가 걸어가는 인생이 시행착오를 줄여 조금이라도 편하고 효율적인 데 도움이 되었으면 한다. 선배가 보고 느낀 점을 그대로 재현할 수 없는 노릇이라서 말로 주절주절 설명하게 된다. 개인적인 경험과 생각으로는 시각이 주는 각인효과가 크다고 본다. 물론 듣는 정보도 무시할 수 없으나 시각은 몸의 촉각까지도 동원되는 느낌이다. 직접 체험을 하게 되면 상대적으로 많은 시간과 노력을 들여 그 상황을 오감을 활용하여 충분하게 느낄 수 있다. 직접 체험은 오래 기억되고 성찰하는 계기가 된다. 청각을 주로 활용하는 간접경험은 짧은 시간 상황과 교훈을 듣게 되는 이유로 오래 기억에 남거나 숙고하는 순간이 찰나에 가깝다. 독서를 통한 간접경험은 글이 주는 정보를 시각을 활용하여 받아들여 의식으로 구조화하는 과정을 거치므로 상대적으로 숙의하는 시간을 가지게 된다.

독서를 통한 선각자들의 지혜를 배우는 방법이 오래 기억에 남아 행동의 변화를 촉발하는 데도 좋다. 사람의 관계도 자연과 같아 서로 연결되어 하나다. 예외도 있긴 하지만 사람은 선의의 뜻으로 인간관계를 맺고 유지한다. 그 가운데 자라는 불신과 오해는 인간이 가진 실존적 한계에서 비롯한 것이니 사랑으로 극복해야 할 과제다.

평가의 팁

조직 관리를 하는데 평가만큼 어렵고 골칫거리도 없다. 인본주의 성향이 강한 동양문화권에서 평가란 비인간적이라는 편견이 은연중에 살아 숨 쉰다. 업무실적 평가를 사람에 관한 평가로 오해하는 사례가 흔하다. 정량적으로 성과를 측정한 기초자료를 중심으로 정성적 평가를 혼합하는 방식은 이상주의로 취급된다. 1년에 반기별로 또는 한 번 실적평가를 한다. 평가를 위한 실적보고서 작성은 많이 개선되었다. 실적을 측정도구별로 표준화·계량화하는 지침을 내려주니, 작성자는 그 기준에 맞춰 보고서를 작성한다. 과거 들쭉날쭉하던 표현 방식은 찾아보기 힘들다. 평가가 지난한 과정이라는 것은 평가자를 선정해서 평가를 실제 운용해보면 바로 느끼게 된다. 평가하는 사람이 실적보고서를 꼼꼼하게 검토하는 사례는 많지 않다. 심한 경우는 평가자의 친소관계에 따라 평가점수가 널뛰기를 한다. 다면평가의 경우는 전략적으로 평가를 하는 평가자도 가끔은 있다. 친분이 있는 사람에게 과도하게 높은 점수를 부여하고, 경쟁자에게는 의도적으로 낮은 점수를 줘 편차를 크게 만들어 버리는 것이다. 평가의 객관성과 합리성이 담보되지 않는다면 그 평가에 관하여 피평정자는 동의하고 납득하지 못한다. 합리적인 조직의 평가와 그에 따르는 적정한 보상이 주어지지 않는 조직이라면 변칙이 난무하게 된다. 평가의 룰이 깨져버렸으므로 각자의 잣대로 자의적이고 임의적으로 규정한다. 조직과 조직인은 점점 수렁으로 빠지게 된다. 선진화된 조직에서의 평가는 부럽다. 평가결과와 평가자를 공개하고, 피평정자는 평가자로부터 자신이 가진 조직업무 수행에서의 장점과 단점을 설명을 받아 안다. 약점을 보완할 수 있는 기회를, 장점은 조직 성과와 연결하는 기회를 각각 가지게 되는 것이다. 공개와 설명과정을 통해 평가제도는 구성원들에게 신뢰를 받아 더 탄탄한 지지를 받게 된다. 평가결과에 조직인이 동의하고 수긍하는 것이다. 조직 성과를 높이는 방향으로의 행동이 강화된다. 조직은 생산성을 높여 그 조직은 오래 생존할 가능성을 높인다. 반대로 그렇지 못한 조직에서는 평가가 형해화되는 근본 이유로는 업무평가와 개인의 인간평가를 구분하지 못한다는 것이다. 업무평가를 전인적 평가로 오해하는 마음이 전 구성원에게 확산되어 있어, 업무실적 평가가 낮다는 사실을 자신에 대한 인신공격으로 오인하는 경향이 짙다. 합리성의 진전으로 사회와 조직이 역동적이면서도 조직 지성을 높여나가 안정적인 평가 시스템이 구축되고 운용되기를 기대해 본다.

하소연

자연스럽다는 건 지나치지 않아 조화와 절제를 이룬다. 자연스럽게 살아가간다는 건 쉽지 않은 일이다. 자연의 풀 한 포기, 다람쥐 한 마리가 자연스럽게 살아가는데 인간으로 태어나 인내의 미덕을 곧잘 망각하게 된다는 사실이 슬프게 한다. 나이가 들면서 새벽잠이 없어진 탓이다. 한창 젊을 때는 잠이 많아 아침 일찍 하루를 시작하는 상쾌함을 느껴보지 못했다. 이렇게 새벽 이른 시각 출근하는 택시에서 만난 택시 기사 할아버지는 버텨 사는 모습에서 배운다. 하루 일당을 채우지 못해 월 120만 원의 수입이라고 한다. 자식은 잘 키웠는데, 아직 40넘은 아들이 장가를 가지 않는다며 불평이다. 요즘 젊은이는 따져보는 게 많아 결혼이 쉽지 않은거 같다는 지적도 하신다. 여느 택시와 달리 안전하게 사무실까지 드라이브한다. 새벽에 펼쳐지는 경치는 가히 장관이다. 일출의 모습과 파란 하늘에 하얀 구름은 동심을 자극한다. 안양천의 자태는 유럽 스트라스부르 변방에 있는 라인강의 지류와 비교해도 뒤지지 않는다. 이렇게 하루를 일찍 시작하게 계기를 만들어준 인연에 감사할 뿐이다. 지극한 사랑으로 행복을 찾을 수 있다는 공부를 했지만, 행동으로 실천하는 데는 어려움이 따른다. 받아들임과 흘려보내기로 나(ego)를 내려놓고 자아(Self)를 찾아야 한다고 배워도 불쑥 튀어 오르는 인간의 본성에서 나오는 감정은 때로 사랑과는 거리가 먼 경우도 있다. 사랑사랑 노래를 부르면서 항상 자각해야 악마의 속삭임에서 벗어날 수가 있다. 이제 하소연을 하려 한다. 새벽 잠을 설쳐 문자를 보냈다 보다. 새벽 3시니까 그 때까지 잠을 설치셨는지 아마도 연배가 한참 윗분이니 나처럼 새벽잠이 없어서 그러시리라. 필요한 자료의 목록을 문자로 알려 왔다. 퇴직한 선배가 부탁 하는 건 가능하면 최대한 도와주려 한다. 나 또한 곧 퇴직자의 신분이 될 터이므로 어쩌면 인간의 본성에서 나오는 당연한 건지도 모른다. 아쉽다고 해야 하나 시대가 바뀌고 무대가 달라졌다. 선배님께서 자료를 받고 하던 시절에는 그게 가능했다. 심한 경우는 논문까지도 대필하던 시절이었으니 책 한 권 후배가 대신 써주는 건 비일비재했던 호랑이 담배피던 시절의 일상이다. 요구자료 목록이 목차와 같아 결국 논문 한 권을 대신 써준다며 불평하던 분도 보았다. 그 시절을 조금 살아본 경험이 있어 난 자료를 그렇게 요구하지 않으리라 다짐도 했었다. 다행히 부정청탁금지법이 제정되면서 사회는 많이 깨끗해졌다. 더 없이 좋다. 상식을 넘어선 청탁은 당연히 금지되고, 따라서 불필요한 부탁이나 접대문화로부터 자유롭다. 술자리도 핑계대고 피할 수 있으니 사회의 변화는 나와는 안성맞춤이다. 문제는 선배님의 입장이다. 과거 그런 시절을 오랜시간 경험했으니 지금도 그러려니 한다. 문자의 내용은 과거에 머물렀다. 과거 선배님께서는 당연하게 요구할 수 있었던 것인데도 지금의 사람이 하기에는 적절하지 않다. 결국 직접 조사하기로 마음을 먹었다. 과거에 머문 선배도, 지금을 사는 사람도 피해를 주지 않는 방법이다.

제법 오래 전의 에피소드다. 저녁 퇴근 시간이 지나 선배님 한 분이 찾아 오셨다. 손에는 자료로 보이는 프린트물을 잔뜩 들고 찾아 오신 선배님께 안부를 여쭙는다. 자료는 후배 직원이 선배의 부탁으로 정리한 것이다. 자료를 요구하고 받는 데 익숙하고 가능한 직장에서 오래 근무하다 보면 요구한 자료를 찾아 응대하는 사람에 대한 고마움을 놓치기 쉽다. 당연한 것으로 생각하고 고맙다는 표현에 인색하게 된다. 인성에 따라 표현 방법의 차이가 있긴 하지만, 아예 감사한 마음 마저도 찾아보기 힘든 사람에게는 자료를 챙겨주기가 꺼려진다. 이러면 안 되는데도 말이다. 사랑하는 마음을 실천한다는 건 원수를 사랑하는 마음 내기를 해야 하는데도 그게 쉽지 않다. 구분하고 분별하는 마음이 일어나면서 지극한 사랑의 마음의 문은 점점 닫히게 된다. 선배를 이해하기에 사랑한다고 해서는 안 된다. 사랑은 이해의 범주를 넘어서는 것이다. 사랑으로 이겨내야 한다. 새벽에 선배의 문자는 많은 상념을 떠오르게 한다. 지극한 사랑으로 마음을 덮은 지금은 평온하여 아쉬움의 생각을 찾을 수 없다. 흔적만 남아 있는 듯 마음 한 구석에 여운이 있는 듯하다. 세상을 분별하는 마음이 없다면 아쉬움도 없다. 사랑하는 마음이 있다면 분별하는 마음은 멀어진다. 그래 어쨌든 선배님 덕분에 새벽에 일찍 일어나 상쾌한 아침을 맞았고, 사랑의 마음 내기도 실천해 봤으니 감사할 일이다. 선배인 나도 후배에게 무리한 부탁을 하고 있지는 않은지, 고마움에 대한 표시를 소홀하고 있지 않은지 성찰해볼 일이다. 업무 마치고 시간을 내서 선배가 필요한 자료는 직접 정리해서 보내주자.

문자를 본 반응 A
학교에서 교수님과 학생과의 관계 같다는 느낌을 받았다고 한다. 소위 말하는 갑질이다. 거리두기를 해야 한다.

문자를 본 반응 B
자료가 있어도 주기 싫을 거 같다.

문자를 본 반응 C
아무런 반응을 보이지 않는다. 노 코멘트.

좋고, 나쁘다는 건 받아들이는 나(ego)가 그렇게 정하는 것이다. 사건은 중립적이다. 사건이 있으면 통상 좋다는 쪽과 나쁘다는 쪽으로 분류하지만 분류하는 마음과 오랜 습관에 따라 형성된 관념이 정하는 것일 뿐 실상은 좋지도 나쁘지도 않다. 덕분에 공부도 하게 되고 귀한 인연도 만나는 계기가 되었으니 나쁘지 않다. 원수를 사랑하는 마음, 즉 신의 사랑(Divine Love)을 실천하고 따라하기가 이토록 어렵다는 것을 실감한다.

수신차단

　너와 나는 다르지 않다. 연결된 하나다. 우주 만물이 어우러져 조화로 살아가듯 인간관계도 서로 돕고 살아야 한다. 지극한 사랑으로 품고 베풀어야 한다. 인간을 차별하거나 구분하려는 마음을 내서는 아니 된다. 한편 사람은 만나는 사람에 물들기 쉽다고 한다. 어울리다 보면 어느새 그 모습을 닮기 때문이다. 개구리가 보호색을 가지는 것도 이와 같다. 시스템 이론에서는 거울 효과(mirror-effect)라고도 한다. 인간관계에서 상처받아 자신(ego)를 너무 힘들게 한다면 그것 역시 자기사랑이 부족한 사람이다. 영혼을 어지럽히니 술, 담배로 몸을 해치는 행위와 다를 바 없다. 휴대폰으로 연결된 사회에서는 전화기를 매개로 이뤄지는 업무도 많다. 바쁘다는 분을 관찰해보니, 전화기로 전달되는 정보를 읽고, 판단하며, 응답하느라 정신이 없다. 빠르고 편리한 생활을 영위하기 위한 스마트폰이 이제는 인간 일상을 지배하는 도구가 되어 버린 것이다. 가끔은 휴대폰을 꺼두고 자연을 관찰하며 지혜를 키우는 여유를 가져볼 때다. 필수품이 되어버린 폰이다. 가끔 집에 두고 출근한 날이면 괜스레 불안하다. 전화나 문자로 연락을 준 사람에게 응답하지 못해 결례하지나 않을까 걱정이 된다. 중요한 정보를 놓쳐 시대에 뒤처지지는 않을까 염려도 된다. 업무시간이나 이동할 때나 심지어 잠자리에서도 머리맡에 두고 잠들어야 마음이 놓인다. 가족 간의 대화도 스마트 기기 때문에 많이 줄었다. 인간적인 만남과 느끼기에는 너무 깊숙이 자리 잡았다. 인간성 회복을 위해 정보기기를 버리자는 말은 아니다. 스마트라는 이름에 걸맞게 현명하게 활용하는 지혜를 발휘할 때다. 사람의 만남이란 운명에 가깝다. 그렇기에 인연을 인위적으로 끊는다는 건 힘들고 어려운 일이다. 사랑하던 연인이 헤어지는 모습을 상상해 보자. 사랑이 식어 하는 이별일지라도 한 때 사랑했었기에 그 마음이 좋을리 없다. 하물며 여전히 사랑하는데도 헤어져야 하는 연인이라면 그 아픔을 형언할 수 없을 것이다. 연인이 아닐지라도 한 사람과의 관계를 정리한다는 건 가슴 아프다. 그 아픔보다도 더 큰 불편함으로 자신을 갉아먹어 성장에 걸림돌이 될 정도의 만남이라면 쿨하게 끝내고 보내주는 것도 자연은 알아줄거라는 믿음이 있다. 어렵게 차단하면서 미안하지 않고 힘들어하는 자신에게 위로하는 마음이 싹트는 건 무슨 까닭인지 모르겠다. 확신할 수 없어 희미하지만, 꼭 필요하다면 가끔 차단하고 혼자 남아 성찰하는 기회를 가져보는 것은 나쁘지 않다고 위로하고 싶다.

내장탕 국밥 한 그릇

 조금 늦은 시각 출출한 배를 채우러 식당가를 지난다. 코로나19로 소상공인의 생업이 어렵다. 외식하던 조직 문화는 사라져 버렸다. 좀처럼 보기 어렵던 혼밥이 이제는 흔한 일상이 되었다. 이러다가는 저녁 밤 문화는 멸종이 될지도 모른다. 누군가에게는 가혹할지도 모른다. 아파트 가격이 하늘 높을 줄 모르고 오르면서 돈이 많은 사람은 그 나름대로, 돈이 없어 소비할 수 없는 사람으로, 꼭 필요한 소비만 가능한 시대가 되었다. 역설적으로 자원은 절약되어 지구는 쉴 수 있어 전체적으로는 좋은 방향일지도 모른다. 주머니가 가벼운 사람도 즐길 수 있는 내장탕 집 의자에 앉았다. 이 집은 20년 전에 자주 들렀던 단골 맛집이다. 그 때 그 시절의 모습과 변하지 않은 그때의 맛을 느끼면서 추억여행을 한다. 탕 한 그릇과 추가 공깃밥이면 충분하다. 하얀 쌀밥이 방금 지어낸 것인지 달콤하고 상큼하다. 맛집은 공깃밥이 맛있더라. 고전이 오랜 시간을 버텨 살아남는 것처럼 전통 맛집이 그 자리를 지켜 버텨주는 것만으로도 말로 표현하지 못하는 가치를 지닌다. 배고픈 한 사람이 먹는 모습이 측은했는지 계속해서 챙겨주신다. 양파와 고추를 슬쩍 추가로 테이블에 놓아주는 바로 그 서비스 정신으로 맛집이 세월을 이겨낸 것이리라. 이 마음이 따뜻한 건 따뜻한 국밥을 먹어서 그렇겠다 싶다가도 국밥이 식어도 그 따뜻한 여운이 오래 남는 건 작은 종지에 담은 고추와 양파 몇 조각 때문일 거다. 숙고해 보면 맛있는 음식으로 배고픈 사람의 허기를 채워 세상을 사랑하는 마음으로 숙성되어 표현된 고추와 양파 때문이다. 작은 행동과 말 한마디에도 지극한 사랑을 담아 전해야 함을 교훈으로 삼는 계기가 된 그 날 저녁 밤의 추억 한자락이다.

도시락 포장

 점심은 배달 도시락을 주문하는 날이 많다. 배달을 선호하는 편은 아니다. 편하기는 배달이 최고지만, 배달하는 사람의 수고에 대한 보답까지 생각이 미치면 미안한 마음이 들기 때문이다. 인간의 봉사에 상응하는 요금을 지불하지 못하고 있다는 죄책감이 들다가도, 배달 서비스로 생계를 영위하는 사람에게는 절실하다 싶어 상충되는 두 마음 사이에서 배달 도시락을 주문한다. 안전과 위생을 무시할 수 없는 환경 때문이라 스스로 위안하면서 연일 도시락을 즐긴다. 도시락을 먹으면 과식을 하지 않아 좋다. 반찬의 종류는 5-6 가지나 손은 두어 곳에 미친다. 그러다 보니 밥의 양도 줄어든다. 반대로 음식물 쓰레기가 많고 특히나 일회용 용기를 배출하니 지구환경에는 미안하다. 서로 다른 도시락을 주문해 보니 비교하는 마음이 생긴다. 맛의 차이도 미세하게 느낀다. 특별히 건강 식단으로 채워서 기억에 남아 다시 주문하고 싶은 도시락도 마음에 남는다. 이 도시락은 플라스틱 용기 외부를 종이박스로 포장해서 고급지게 보인다. 속 마음이 중요하지만, 그에 못지 않게 겉모양의 포장도 소홀하지 말아야지. 노년이 될수록 피부나 외모가 청춘과 같지 않다. 늙는다는 자연 현상을 저항하거나 거부해서는 안 된다. 외모에만 신경써서 내면을 소홀한다면 옳지 않다. 지나친 외모 가꾸기로 내면과의 격차가 커진다면 자신을 소외시키는 우를 범하게 된다. 마음의 성장과 아름답게 가꾸는 정성이 조화되도록 도시락을 먹으며 다짐해 본다.

책과 도서관

구입하지 않은 책을 모두 읽기란 쉽지 않다. 책을 기증하는데 주저하게 되는 건 나의 이런 선입견과 습관 때문이다. 서점에서 구입하거나 적어도 도서관에서 대출한 책은 읽게 되는데, 아마도 시간과 돈을 투자한 데 대한 반대급부로 독서를 통한 정보탐색을 끌어내려는 보상이 작동하는 것일지도 모른다. 무료로 나눠주는 책을 꼼꼼하게 읽기란 쉽지 않다. 아마도 독자의 관심과 관련된 것이리라. 궁금하거나 알고 싶은 내용을 담은 서적을 검색하고, 구매하는 행위에서 읽고 싶은 동기가 더 증폭되기 때문이다. 기증받은 책은 독자의 관심 영역에서 멀거나, 책의 내용을 파악하면서 동기를 동시에 부여해야 하는 어려움이 있어 대부분 잠시 보관했다가 쓰레기통에 버려지기 일쑤다. 원칙에 예외가 있는 법이다. 월간 국회도서관이라는 월간지는 관심 있게 읽게 된다. 다른 무료 월간지와는 달리 책과 도서관에 관한 이야기로 수놓고 있기 때문이겠지. 도서관에서 살아 숨쉬는 책 이야기는 오랜 역사를 머금는 지혜의 그릇에 관한 것이라 언제나 호기심을 깨운다.

국회도서관장의 기고문을 잡는다. 시장기구가 경제분야에만 작동하는 것이 아니라 정치영역에서 더 치열하게 적용되고 있다. 정치에서의 수요자는 국민이고, 공급자는 정치인이다. 정치인이 제공하는 공공재는 정치가 제공하는 재화다. 도서관장은 공공재로서의 도서관이 1등만 살아남는 정치에서 국민의 마음을 사로잡을 수 있으므로, 도서관 경쟁으로 민주주의를 한층 성숙하게 만들 것이라고 주장한다. 개인 생각을 더하자면, 재화로서의 도서관은 물리적인 건물로 보인다. 도서관은 그 지역의 지적 네트워크의 허브다. 단순히 책을 보관하고 대출하는 기능만으로 한정할 필요 없다. 도서관 공간을 활용하면 미술관도 전시관도 가능하다. 도서관에서의 강연은 지식확산 공간으로 적합하다. 이제 도서관은 물리적 건물에서 벗어나 유연하고 연결짓는 망으로 기능을 할 때다.

플랫폼이 중요하다는 생각을 또한 하게 된다. 딱딱한 글을 쓰기로 이름난 투고자가 국회도서관 월간지는 부드러운 필체로 글을 써 내려간다. 어느 저널지에 싣느냐에 따라 투고자의 자세와 글의 내용에도 차이가 있다. 외관이나 플랫폼을 가꾸고 정비해야 한다는 주장이 설득을 가지는 것은 환경이 미치는 영향을 무시할 수 없기 때문이다. 가끔은 손에 책을 쥐고 고상한 철학자의 모습으로 사색하는 즐거움을 맛보도록 하자.

생각과 사유

 책을 읽는 행위는 지식과 사실에 관한 정보를 얻기 위함이 아니다. 생각과 사유하는 습관을 독서로 키운다. 글의 문리적인 해석에 집착해서 글이 의도하는 맥락과 숨은 의미를 발견하지 못한다면 그 독서는 절반의 성공에 불과하다. 시대의 흐름을 살펴보면 그 변화는 기하급수적이라 할 것이다. 과거 100년간의 변화량보다 최근 10년간의 변화가 훨씬 크고 깊다. 변화의 속도에 가속도가 붙어 변화를 따라잡기 쉽지 않은 시대가 되었다. 폭증하는 지식의 양에 지레 겁먹고 지식으로부터 도피하는 현상이 나타난다. 지식을 외우고, 활용하던 과거는 지나고 검색만 하려 들고, 읽으며 생각하지 않아 즉흥적이고 감정적으로 대응하기 일쑤다. 공공의 문제를 인식하고 그 해결책에 관한 진지한 토론과 사유가 부족하므로 사상누각이 된다. 철저한 생각 과정 없이 느낌과 결과만으로 행동하고 선택하다 보니 쉽게 이랬다저랬다 갈팡질팡하게 된다. 뉴스를 읽어도 비판적 고찰이나 사실을 찾고 그 사실에 기반한 판단을 하는 습관을 가지지 못해 댓글 읽기에 치중한다. 타인이 생각하는 결론을 아무런 근거 없이 차용하고 답습하다 보니 왜라는 질문에 답하지 못한다. 공정과 형평이란 주제도 마찬가지다. 1964년에 미국에서 평등한 것을 공정이라고 선언-주정부는 평등하게 대우하여야 한다-했으나, 현대 사회에서의 공정은 형평의 관점까지도 요구한다. 사회적으로 보호받아야 하는 약자에게는 좀더 편의를 제공함으로써 실질적으로 균형되게 처우하려는 정책이 공정한 것이다. 이렇게 되면 많이 가진 사람의 것을 적게 가진 사람에게 이전하게 된다. 이러한 정책 또는 과정에서 가진 사람의 반대와 사회 구성원 간의 인식 차이로 갈등이 발생한다. 사회 공동체 구성원의 진지한 토론과 성찰로 갈등의 골을 해소할 수 있다.

인사이동

　직장 생활을 하면서 좋은 사람과 인연을 맺는 기쁨도 크다. 직장생활에서의 인연을 직연이라고도 하는데, 세상 일이 다 마찬가지지만 직연 역시도 마음대로 맺고 끊고 하기란 쉽지 않다. 인사부서에 명령에 따라야 하기에 정기 인사 시즌이 다가오면 사무실이 어수선하다. 떠나려는 자와 오려는 자의 보이지 않은 에너지와 기 싸움이 한바탕 펼쳐진다. 꼭 함께 하고 싶은 사람이라도 인사부서에서 차출해 가기도 한다. 실장님은 위, 아래로 두루 잘 하시는 분이다. 스마트하게 책임 있게 일 처리를 잘 하는 분과 함께 일하게 되면 직장 생활이 좋다. 성과도 많이 낼 수 있을 뿐만 아니라 그 과정에서 불필요한 스트레스를 받지 않으니 즐거운 직장생활이 가능하다. 가끔은 윗 사람에게만 잘 보이려 노력하다 보니 조직의 기강을 해치는 경우도 있다. 본연의 위치에서 적합한 역할로 조직 생활을 한다면 그 사람은 보배다. 조직도 사람과의 관계 맺는 곳이라, 가족생활을 잘하는 사람이라면 직장생활도 순조롭다. 잠시 자리를 비우면서도 자리 비움을 알리고 연락처를 남기는 직원은 보나마나 집에서도 그렇게 할 것이다. 외출하면서도 부모님께 알리고 귀가해서도 인사드리는 습관이 오롯이 직장생활에서도 드러나기 마련이다. 이렇게 자상하고 능력 있는 직원이라면 인사부서에서도 탐을 낸다. 조직에서 중요한 자리가 비게 되면 이런 직원이 차출되는 일 순위다. 조직은 이런 사람을 가려 쓰고, 그만큼의 보상을 준다. 사무실에서 일이 없다고 좋아라한다면 그 사람은 아직 덜 깨친 사람이다. 업무가 폭주해서 정신을 못 차릴 정도가 아니라면 업무가 찾아 오는 건 좋은 신호다. 그만큼 감당할 여력이 있다고 판단하기에 일거리가 주어지는 것이다. 작은 일을 줘서 처리하는 것을 보고는 일을 더 주기도 하고 그냥 멈추기도 한다. 사람이란 활용되는 만큼 가치를 인정받게 되는 것이다. 인성과 능력에서 인정을 받으면 즐거운 비명을 지르게 된다. 여기저기서 서로 스카웃하려 난리다. 꼴통이라 소문나버리면 서로 받지 않으려고 야단법석이다. 실장님을 관리과장으로 스카웃하는 제의가 들어왔다. 고민이다. 못 가게 붙잡자니 욕심부리는 것 같고, 쿨하게 보내자니 후임자부터 고민이다. 실장의 입장에서 어떤 선택이 좋은가를 생각해 보려 해도 이 또한 쉽지 않다. 그런 과정을 지나온 선배라지만 실장이 처한 입장이나 처지를 완전하게 알지도 못할 뿐만 아니라 미래에 전개된 사무실의 변화를 알 수 없기 때문이다. 위원장님께 지혜를 구하기로 한다. 구두로 상황을 보고 드리고 선택을 여쭙는다. 깊이 생각하시고는 쉽지 않은 선택이라 말을 아끼신다. 결론은 함께 했으면 좋겠다는 말씀이다. 고맙다. 실장을 인정해 주셔서도 고맙고 배려해 주시는 마음 또한 감사하다. 실장의 인사는 이렇게 한나절의 해프닝으로 마무리 되었지만 그 여운이 길게 남는 것은 서로의 사랑하는 마음을 느껴 평온함을 체험했기에 가능하다.

저출산 해법

　미국의 한 연구소가 한국의 저출산 문제에 대응하기 위한 정책 방안을 제안했다. 저출산으로 경제인구가 부족해지는 문제를 해결하기 위해 다문화 정책을 권고하는 한편, 어린이집을 축소하는 방향으로 정책을 추진할 필요가 있다는 것이다. 일본의 연구소는 저출산 문제를 해결하기 위한 3가지 방안을 제안했다. 첫째는 정년을 연장함으로써 저출산 문제에 대응하는 방안, 둘째는 다문화 정책을 추진하는 방안, 마지막으로는 가정에 있는 여성을 경제활동에 참가시키는 방안을 제안하면서 가장 부작용이 없는 정책 방안이 여성의 경제활동 참가라고 제안했다. 저출산 현상에 대응하기 위한 방안으로, 개인의 생각은, 산업의 고도화와 행복지수의 증가를 포함할 필요가 있다. 산업의 고도화는 선진국의 운용원리에서 착안한 것이다. 제약과 소프트웨어 기술을 가진 선진국은 사람을 귀하게 대접하고 활용한다. 비오는 날 배달하는 모습을 발견하기란 선진국에서는 찾아보기 어렵다. 사람의 서비스가 개입되는 순간 높은 비용을 지불하는 건 당연하다고 인식한다. 서빙하는 음식점의 가격이 셀프와 비교할 수 없고 인터넷 설치 또는 집안에 작은 수리를 요청해도 그 출장비용과 대기 비용을 반드시 지불해야만 한다. 이처럼 인건비를 높게 책정할 수 있는 근본 이유는 고도로 발달한 산업에 기인한다. 자국의 기술을 제공하면서 해외로부터 그 대가를 지불받아 경제적인 부가 국내로 유입된다. 국내의 증가된 파이를 나눠 주면서 서비스업에 종사하는 사람의 인건비도 충분하게 보상해 주는 시스템이 만들어진다. 이렇게 높은 인건비 정책으로 고용도 내국인이 그 자리를 차지하므로 고용사정도 좋아진다. 반대로, 일부 후진국의 사례에서는, 서비스 인건비를 가치에 맞게 지불하는 시스템을 도입하지 못해 인건비를 덤핑수준에 가깝게 낮게 책정하게 된다. 낮은 임금 수준에서는 내국인이 고용하기 꺼려하고, 그 빈자리를 외국 노동력으로 보충하는 정책을 도입하게 된다. 이로써 국내 고용은 더 악화되고 국내의 부는 해외로 유출되기 쉽다. 해외에서 수출 물량을 수주하더라도, 기술료를 지불하는 등 상당한 부는 선진국에 지불해야 하므로 남은 금액으로 원자재비 및 인건비를 지불하기에 그 단가는 매우 낮을 수밖에 없다. 이처럼 기술력을 가진 선진국과 값싼 노동력에 의존하는 후진국 사이에는 큰 간극이 있다. 새로운 기술의 발달에 맞춰 신기술 개발에 국가역량을 집중함으로써 국가산업을 고도화해야 한다. 한편으로 행복지수의 증가에 관심을 가져야 한다. 지금 현 세대가 행복하다고 느끼고, 그 행복이 과거와 비교했을 때 증가하는 방향이라고 판단한다면 출산하려는 유인으로 작용한다. 반면 시간이 흐를수록 사회생활에서 행복찾기가 점점 어려워진다고 한다면 저출산 현상은 피할 수 없는 유행이 될 것이다. 뻔히 보이는 미래의 불행을 후손에게 경험하라고 넘겨줄 사람은 많지 않을 것이기 때문이다. 정치, 경제, 사회의 각 부문에서 건강하고 조화로 균형된 발전에 관심을 가져야 하는 이유도 이 모든 것들이 인간의 행복에 영향을 미치는 변수이기 때문이다. 컴퓨터의 출현으로 인간은 일에서 벗어나 여유시간을 즐기게 될 것이라는 청사진이 불과 몇 년 전까지도 통용되었다. 정보화가 진전한 지금도 다른 차원의 새로운 일로 사람은 여전히 많은 일과 함께 생활하고 있다. 일을 바라보는 관점에 관하여 성찰해볼 필요다.

책 선물

 기증한 책을 받는다. 직접 찾아와 인사하며 건네는 저서는 귀하고 감사하다. 글을 쓰고 출판의 어려움을 느껴 본 이후로 기증 책을 그냥 받지 않는 습관이 생겼다. 상응하는 책 값을 지불하고야 만다. 기증의 의미를 무시하려는 뜻이 아니라, 소정의 비용을 지불하지 않으면 그 책을 읽지 않는 나의 잘못된 습관을 고치기 위한 것이다. 글을 묶어 세상에 남기는 데 따르는 감사함도 담았고 정성에 상응하는 작은 보답을 해야 마음이 편하니 어쩌겠나. 역시나 비용을 지불했기 때문인가, 첫 페이지를 읽는 순간 재미로 몰입이 된다. 현대 사회를 읽는 작가의 상상력에서 감탄하게 된다. 글을 쓰는 사람이라면 마땅히 가져야 하는 호기심과 통찰력을 배운다. 독자의 흥미를 자극하는 단어선택도 놓칠 수 없다. 이제 막 글을 쓰기 시작한 초보와 다른 미세한 차이가 독자에게는 큰 차이로 보여지는 것이다. 업무를 하면서 책을 발간한다는 건 큰 용기가 있어 가능하다. 본업에 충실하지 못하다는 오해 받기 십상이다. 글은 업무시간 이외의 짜투리 시간이나 휴일을 활용하겠지만, 직장인의 시선은 곱지 못하다. 왠지 업무에 집중해야 하는 정신을 딴 곳에 팔았겠지라는 의심으로 가득하다. 단적으로 일과시간 이후의 저녁 모임을 해보면 인간의 마음이 그대로 드러난다. 저녁 회식이라도 있는 날이면 가능하면 참석해야 한다. 영어학원을 다니는 사유로 모임에 빠진다면 그 사람은 왕따가 되기 쉽다. 함께 술 마시고 어우러져 망가져야 동료애가 있고 끈끈한 정을 나눈 사이라고 인정한다. 그들만의 문화에 빠져 함께 한다는 의식이 생기는 거다. 그러니 회식에 참석하기 어렵다면 화이트라이를 하는 편이 낫다. 거짓으로라도 가족이 아파서 병간호를 한다는 핑계라고 대는 편이 낫다. 그러면 측은한 마음에 비난의 십자포화는 덜 맞을 가능성이 높다. 어찌보면 남 잘되는 꼴을 보기 싫어하는 인간 심리가 그대로 반영되는 지점이 회식문화가 아닌가 한다. 코로나19로 회식은 없어진 지 오래다. 이제는 그런 문화마저도 한 때의 추억으로 변했다. 술 마시고 길가에서 밤이슬 맞으며 서로의 우정을 확인하던 시절은 지났다. 그렇다고 인간 심성이 그리 쉽게 변하지는 않았으리라. 책을 출간하면 표지에 친필사인까지 써서 기증하는 문화는 아직도 여전하다. 동료가 바쁜 일상을 귀하게 쪼개서 묶은 글이라면 존중하는 마음으로 축하하고 받아볼 일이다. 시샘하고 질투하는 마음으로 글을 폄하하는 건 자존감이 낮은 사람이 하는 모습이다. 상대의 장점에서 배우고, 따라하며 모방하면서 자신도 성장하는 기회로 삼으면 얼마나 좋을까 싶다. 직장 생활을 하면서 학위를 받거나 공부를 하면서 몰래하는 아픔은 없으면 좋겠다. 서로의 성장을 도와주고 함께 성숙함으로써 조직과 개인의 성과에도 축복이 되는 방향으로 건강하고 자유로운 조직 문화가 안착되기를 희망한다.

기분좋은 날

 미혼인데 나이 40을 목전에 둔 사람이 있다. 오지랖이라 생각하면서도 옛 어른 말씀을 되새기게 된다. 혼기가 찼다 싶으면 결혼을 재촉하던 시기라 잔소리도 많았던 시절이다. 요즘은 결혼은 선택의 하나일 뿐 꼭 해야만 하는 삶의 과정은 아니다. 마음 작은 곳에 과거의 전통이 살아 숨쉬는지, 사귀는 사람이 있다는 말을 듣고는 왠지 모를 안심이 된다. 돌이켜보면 배우자를 만나 해로한다는 것만큼 인생에서 크고 소중한 일이 있을까 싶다. 사랑이야 많겠지만 한 사람을 사랑하는 감동은 기적이다. 벅차오르는 사랑의 감정은 눈물로도 씻을 수 없다. '서로를 알아가면서 세상을 배우고 봄날 따뜻한 꽃내음으로 시작한 사랑은 기쁨도 슬픔도 둘이서 나누며 엄마 아빠가 됩니다.' '신랑 각시 머리 위에 눈이 내려도 한결같은 참사랑으로 살아갑니다.'[8] 세상 모든 것이 변해도 사랑은 영원하게 남아 살아가는 우리에게 빛이 됩니다. 사랑하는 사람과의 좋은 관계가 지속된다니 기쁜 일입니다.

---

[8] 노래 '사랑 이야기' 가사의 일부다. 청춘으로 만나 가족을 이루고, 노년까지 해로하는 아름다운 한 편의 수채화를 보는 느낌을 준다.

퇴직이 다가오면

옆 방 선배님께서 퇴직하신다. 명예퇴직이지만, 사실상 조직에서 인사에 필요해서 권고하는 퇴직을 받아들인 결과다. 선배가 한 분 두 분 퇴직하면서 이제 어느덧 앞에서 그 매를 맞아야 하는 처지가 되었다. 보여지는 것으로 판단하는 것인지, 문득 퇴직하시냐며 궁금해 하면서 염려하는 마음이 있다. 잘못된 소문이 돌았나 싶다. 아마도 평소 마음 속 깊이 숨겨둔 다가오는 미래를 누군가가 읽었는지도 모른다. 속 마음도 이렇게 쉽게 알아차리는 시대에 말 한마디는 엄청난 위력을 가진다. 정조이산어록의 말조심 구절을 다시 한 번 상기해 본다. '사람은 언어로 한때의 쾌감을 얻으려 해서는 안 된다. 나는 미천한 마부에게라도 일찍이 이놈 저놈이라고 부른 적이 없다.' 그렇다. 아무말 잔치로 언어를 힘들게 해서는 안 된다. 팔만대장경을 가진 우리 민족임에도 기록과 도서출판에 관한 태도를 보면 아쉬움이 있다. 정확한 팩트에 기반한 언론·출판 문화에 관심을 쏟아야 한다. 국제회의를 참석해 보면 국가의 성향과 특성을 살펴볼 수 있다. 선진국일수록 결의안 작성에 정열을 바친다. 문서로 만든 정책이 살아 움직이는 힘은 사람의 정신에 기인한다. 문서 작성에서 인사 평정에 이르기까지 꼼꼼하고 세밀한 접근으로 견고함을 더해야 한다. 평가 결과와 그 근거 및 평가자를 공개하는 문화는 평가를 받는 사람이 부족한 점을 보완할 기회를 제공하고, 좋은 점은 더 높일 수 있게 한다.

차원이 다른 퇴직 이야기다. 줌, 구글 클라우드 등 구글의 위세가 드세다. 과거 야후 사이트가 한때 성행하다가 네이버에 그 자리를 내어주었다. 구글의 성행은 포털 사이트 네이버의 존재에 위협이 되지나 않을까 생각한다. 구글의 유튜브는 정보 생산자와 소비자가 혼합된 상태다. 그 많은 정보를 구글은 플랫폼만 제공할 뿐, 정보 생산자이며 소비자인 우리가 제공한다. 정보제공의 모티브는 작지만 경제적인 유인이 제공되기 때문이다. 디지털 시대에서는 1등만 살아남는 시대가 될 것으로 전망된다. 아주 사소한 작은 변화가 큰 변화의 출발이 된다. 철저하리만큼 꼼꼼한 사실에 근거한 문서작성과 똑똑한 독자의 피드백이 어우러져 정확한 기록문화의 확산을 통해 우리나라가 정신적으로도 한 단계 높아지는 계기가 되었으면 한다.

귀인과의 만남

　세상은 어우려져 조화롭다. 한사람이 뜻을 펼치는 것보다는 여러 사람이 함께 힘을 합할 때 그 힘이 강하고 울림이 크다는 것도 따지고 보면 자연스런 현상이다. 구슬이 서말이라도 꿰어야 보배라는데 일을 도모함에 있어서 맺고 끊음도 중요하다. 시대가 변했다. 한사람이 정보를 독점하던 시대는 저물고, 정보의 평균화가 급속도로 진행되고 있다. 구글의 독점현상처럼 정보화는 또다른 힘의 집중을 가져오기도 하지만, 평균적으로 정보와 지식이 골고루 전파되어 인간 지성의 단계는 높아질 기회를 잡았다. 대한민국은 예산편성권을 정부가 가지고 있다. 정확하게는 기획재정부가 그 권한을 실질적으로 행사하고 있다. 예산이란 국가의 재정계획이므로, 예산을 심사한다는 것은 정부부처의 계획을 사실상 심사한다는 것과 같은 의미다. 기획재정부의 알뜰한 살림살이로 다른 나라보다는 상대적으로 건전한 국가부채수준을 나타내고 있다. 정보화의 진전은 정책결정의 과정과 주체까지도 변화를 가져온다. 행정부에 집중되어 있던 결정권한이 의회기구로 이전되는 현상도 정보확산과 무관하지 않다. 정부부처 내에서도 정보는 이제 기획재정부가 독점하고 관리하는 시대는 저물었다. 사회복지 정책의 중요성과 비중이 커지면서 사회분야의 예산규모가 국가재정에서 차지하는 비중이 증가하고 있다. 사회복지정책에서 고려해야 할 변수는 경제정책과는 같을 수 없다. 복지가 경제의 전제가 되는 시대에 경제부처에서 사회복지 계획을 경제적인 시각에서 제단하는 것은 사회적 후생차원에서도 바람직하지 않다. 국가재정법을 일부 개정하여 사회부총리가 사회예산의 대강을 정할 수 있는 권한을 부여하는 것이 바람직하다. 경제가 사회를 이끌던 시대에서 사회복지정책이 경제와 병행하는 시대에 적합한 새로운 패러다임을 지혜로 구상할 필요가 있다. 개인의 생각을 나누며 인연의 귀함을 느껴본 오후의 일상 이야기다[9].

멀리서 친구가 찾아오니 또한 반갑지 아니한가라 설파했지만, 찾아오는 친구라면 만남 그 자체를 느껴 즐기고 싶을 거다. 절친한 친구 사이라면 가능한 상상이다. 만남에서 보이지 않는 주고받기가 비일비재하다. 자본주의 사회에서 생활하던 습관대로 거래 관계로 형성되는 인간관계가 꽤 많다. 물론 너무 계산적인 만남이라면 인간관계에 피로감을 느끼기 쉽다. 그런 관계는 거리 두기로 적당한 간극을 두는 것도 나쁘지 않다. 거래가 있다고 반드시 나쁘다고 단정할 필요는 없다. 인간관계에서 이심전심으로 전달되는 따뜻한 마음과 필요한 정보가 가미된다면 그 관계는 오히려 바람직하다. 사람을 만나면 그 사람과 동화되기 쉽다. 어느 날 만난 인연은 특정 영자신문을 열독하고는 정보를 알려준다. 다음의 만남을 준비하는 마음이 그 신문을 읽게 된다. 이처럼 누구를 만나는가는 사람의 모양을 변화시키는 동기부여가 되기도 한다. 직장 내의 사람관계도 중요하지만, 가끔은 다른 직업으로 생활하는 사람을 만나는 것도 도움이 된다. 인생길을 걸어가는 공통점을 가지더라도 그 길의 모양이나 걸어가는 행인의 자세는 각양각색일테니 말이다. 다

---

[9] 2021년 7월 15일 목요일. 제2차 추경을 심사하던 날의 기록이다.

양한 직업군에서 생활하는 모습을 간접하면서 자기자신의 위치와 모습을 객관적으로 보는 안목이 커질 것이다. 지금 누구를 만날 준비를 하는 사람이라면 마땅히 배우고 공부하는데도 설레임으로 할지어다.

문자 강좌**

한국의회발전연구회 교육과정에 참가하신 분께 축하드립니다. 이 과정을 이수한 선배를 보면 학계나 사회에 진출해서 중추적인 역할과 기여를 하고 있으므로 자부심을 가지고 연수과정을 즐기시기 바랍니다.

강의 주제인 상임위원회의 현황과 기능을 이해하려면 규정집(국회법)을 참고하면 대강을 알 수 있습니다. 규정집을 통한 이해는 현재지를 활용한 것인데, 강사는 현재 상임위원회에 근무하고 있으므로, 암묵지를 설명해드리도록 하겠습니다. 현직에 종사하는 사람을 만나는 인연으로 암묵지를 접해보는 기회가 더 의미 있다고 생각합니다.

문제란 미래의 바람직한 상태(목표)와 현재와의 차이를 말합니다. 문제는 상대적입니다. 예를 들면 과거에는 나막신을 신고 다녔으므로 나막신의 구조가 관심 사항이라면, 요즘은 구두를 신고 다니므로 나막신에 관한 문제는 문제로 인식하지 않는다는 것입니다. 전기차가 상용화되는 시점에서는 지금의 내연기관 자동차의 엔진 문제는 더이상 문제로 인식하지 않을 것입니다. 이처럼 문제는 사람과 시대에 따라 달리 인식됩니다.

국회는 300명의 국회의원으로 구성된 입법기관입니다. 문제해결 기구로서의 의회를 생각해 봅시다. 300명의 의원이 각각 서로 다른 생각과 의견, 선호와 관점을 가지고 있습니다. 국가 정책에 관한 접근 방법도 300명이 서로 다를 것입니다. 국회 본회의 중계방송을 보면 가결 선언하는 행위만을 보게 되고, 법률 하나 통과하는데 큰 어려움이 없어 보입니다. 집합적으로 보여지는 행위로 국민의 의회에 관한 인식은 좋지 못합니다. 실상은 우리의 인식과 일치하는 것만은 아닙니다. 상임위원회에서 진지하게 법률안과 의안을 심의하고 논의하고 있으니까요. 300명의 의원이 의사결정을 한다면 시간과 거래 비용이 발생합니다. 한 이슈로 다수의 사람이 집합적인 의사결정을 하다 보면 합리적[10] 의사결정에 도달하기도, 막대한 비용이 발생하기도 합니다. 한 개인의 목표, 선호, 목표 달성을 위한 대안과 우선순위 등은 서로 다르기 때문입니다. 의사결정의 효율성과 합리성을 확보하기 위해 전체 의원을 쪼개기를 합니다. 고등학교에 학급으로 반을 나누는 것도 이와 비슷한 이치입니다. 국회의 경우 쪼개기를 상임위원회로 살펴볼 수 있습니다. 국회는 18개[11] 위원회를 두고 있는데, 정부 기능별로 만들어진 중앙행정기관을 맵핑(mapping)해서, 정부기관에 상응하는 상임위원회를 두고 있습니다. 예를 들면, 교육정책은 정부는 교육부가 소관으로 하고 있고, 국회에서는 교육위원회에서 교육부 소관 업무를 담당하고 있습니다. 16명의 국회 교육위원이 교육부 소관 업무만을 심사하기에 효율적이고 전문적으로 심사할 수 있습니다.

**상임위원회의 기능을 주제로 한국의회발전연구회에서 강의한 녹취내용을 정리한 것입니다.
10) 합리적이라 함은 정치적 합리성, 경제적 합리성, 사회적 합리성으로 구분해 볼 수도 있다.
11) 상임위원회와 상설특별위원회를 포함한 것이다.

이 경우 지역구 주민의 입장에서 본다면, 자기가 선출한 의원이 교육 문제에만 몰입함으로써 주민의 요구를 입법부에 반영하는데 소홀할 수 있다는 점, 교육 위원과 교육부와 유착관계가 형성되어 국회가 행정부를 견제하지 못하고 오히려 지지하는 현상이 나타나기도 합니다. 예산 심사 과정을 보면, 각 상임위원회에서는 소관 부처의 예산을 증액하는 의결을 많이 하는 경향을 보이는 것도 이러한 이유로 설명이 가능합니다. 상임위원회로 쪼개는 방법이 가진 장·단점12)이 있다는 점을 알아 두시면 좋겠습니다.

 상임위원회의 수와 효율성 및 합리성과의 관계를 살펴보겠습니다. 상임위원회는 쪼개어 그 수를 늘린다면 위원장 수가 증가하기에 국민의 반대에 직면하기도 합니다. 예전에 교육과 문화를 하나의 위원회에 두었을 때 교육 이슈가 쟁점이 되어 문화 관련 의안도 무더기로 심사가 지체된 적이 있습니다. 교육과 문화를 분리 시킨 현재는 비교적 안건 처리가 순조롭게 진행되고 있습니다. 이처럼 위원회를 합리적으로 쪼갤 필요가 있습니다. 합리성에는 정치적 합리성도 고려되어야지만, 경제적 합리성도 마찬가지로 숙고해야 합니다.

상임위원회도 또 쪼개기를 합니다. 소위원회라는 작은 규모로 다시 쪼개는데, 소위원회에는 법안심사 소위원회, 예산·결산심사소위원회, 청원심사소위원회가 활동 중에 있고, 국회법에는 상설소위원회도 구성이 가능하도록 규정하고 있습니다.

 예결위원회가 특별위원회로 존재하는 이유는 뭘까요? 최근 2021년

---

12) 일상의 예로 친구들끼리 점심 메뉴를 선정한다고 가정해보자. 5-6명의 친구가 모여서 점심 장소를 정하는 경우에도 모두의 선호를 반영하기란 쉽지 않다. 친구 두 명 정도 대표를 선정하고 그 두 명이 정하는 점심으로 결정하는 경우가 많다. 정보화가 진전되면서 거래비용이 줄면서 대표를 선정해서 의사를 결정하는 방식에서 직접 의사결정하는 방식으로의 전환이 가능해진다는 점을 또한 알아 두자.

2차 추경이 정부로부터 제출되었고, 국회는 1년 임기의 예산결산특별위원회 위원 구성을 했습니다. 이 특별위원회는 특별위원회이면서도 상설위원회라는 점이 다른 특별위원회와 다른 점입니다.

 쪼개기와 반대되는 흐름을 살펴보겠습니다. 앞서 살펴본 바와 같이 위원회 조직은 복잡한 사회 문제 해결을 위한 정책개발에 효율성과 합리적인 의사결정을 위해 쪼갠 것이라고 설명했습니다. 전문화가 심화되면 훈련된 무능이 작동할 가능성도 있습니다. 의회조직에서 전문화의 극심한 심화는 정치적 민주주주의 측면에서는 또 다른 부작용을 만들기도 합니다. 정보화의 발전으로 합리적인 의사결정에 투입되는 시간 비용을 줄이게 되면서 대표를 통한 의사결정에서 직접 참여하는 의사결정 구조로의 변화 가능성이 있습니다.

과거 입법부를 통법부라고 불렀던 시절이 있습니다. 정보화는 정보의 유비쿼터스 현상 또는 정보 평등을 실현하게 합니다. 과거 정부가 정보를 독점하던 시대에는 정부 관료의 전문성이 인정받았으나, 정보화로 이제 정보가 가진 정보는 일반 시민도 그에 못지 않은 정보량을 획득하게 되었습니다. 국회도 마찬가지입니다. 정부가 가진 정보를 거의 실시간으로 획득할 수 있는 의회는 국가 정책결정의 주도권을 쥐게 됩니다. 이념적으로 주인-대리인 이론에서 보더라도, 민주주의 정치체제에서 주인인 국민의 대리인은 의회고, 의회와 정부와의 관계에서 본다면 선출직으로 구성된 의회가 주인이 되고, 공무원으로 구성된 정부는 대리인이라고 볼 수 있습니다. 이념적으로 주인의 위치에 있는 의회가 그동안 정부의 정책에 주도권을 행사하지 못한 이유로, 300명의 의원으로 구성되어 의회의 의사결정의 효율성과 적실성이 떨어진다는 우려가 작용한 것으로 보입니다. 정보화 기술의 발전으로 의회 내에서의 의사소통에도 효율성이 빠르게 증가함으로써 사회문제 해결을 위한 각종 정책이 의회에서 논의되고 결정되는 시대가 되었습니다. 코로나19 때문에 주춤하고 있지만, 연일 의원회관 세미나실에서는 정책 토론회가 개최되고 있습니다. 그만큼 정책결정의 장이 정부에서 의회로 이동했다는 사실을 실감합니다. 전문가의 의견을 들어보면, 정부가 정책을 주도하던 과거에는 정부의 고위급 공무원을 만나서 설명하고 이해와 지지를 구하면 됐는데, 의회로 옮겨진 지금은 어디에 설명해야 할지 막막하다고 합니다. 국회는 300명의 의원으로 구성되어 있어서 정책문제를 설명하려면 그 대상이 너무 많고 누가 주도권을 쥐고 있는지 알지 못해 힘들다는 토로를 합니다.

 상임위원회 위원과 전문위원에 대하여 살펴보겠습니다. 주인-대리인 모형을 적용해서 설명해 보겠습니다. 국회 상임위원회는 소관 법률안과 예산안 등 의안을 심의합니다. 입법 역할이 증대되면서 상임위원회에서 심사해야 하는 의안의 종류와 수가 급증하고 있는 추세에 있습니다. 상임위원회에서 의안 심사는 제안설명, 검토보고, 대체 토론을 거쳐 소위회부 또는 의결의 순으로 진행합니다. 전문위원의 검토보고는 의안에 관하여 전문위원이 검토한 결과를 보고하는 단계입니다. 지역구의 업무와 정책 의안을 함께 검토하는데 시간에 쫓기는 상임위원(의원)의 입장에서는 전문위원의 검토를 참고하는 편입니다. 검토보고서의 논거는 정치적인 부분보다는 정책적이고 행정적(실무적)인 내용을 주로 다루므로 정치인의 입장에서 인용하는데 큰 부담이 없기 때문입니다. 그러다 보니 의안의 내용과 심사에 관해서 대리인의 입장에 있는 전문위원의 의견이 위원회 의견으로 채택되는 비중이 높은 편입니다. 물론 정치적인 이슈가 포함된 의안의 경우에는 전문위원이 의견을 제시하는 데는 한계가 있기 마련입니다. 국민의 실생활과 관련되는 민원은 주로 전문위원을 통하게 되는데, 이런 관계가 고착되게 되면 의원이 전문위원에게 의존하는 현상이 나타나게 됩니다. 결정권한을 가진 의원이 선출되지 않은 권한을 가진 전문위원에게 의존하는 전형적인 주인-대리인 모형이 적용 가능한 모습이 나타납니다.

자본주의, 사회주의, 인간주의에 관한 고찰을 합니다. 미래 사회는 인간주의가 될 것입니다. 저출산의 문제를 해결하기 위한 가장 좋은 방법은 무엇인가? 지금 행복지수를 높이는 것이 해결책이라고 봅니다. 현 시대상을 보면, 가족 공동체가 직업을 가져야만 생활이 가능한 시대가 되었습니다. 과거 가장(아버지) 혼자서 직업을 가지고도 충분히 가족이 생활할 수 있었던 시대와는 많이 달라진 모습입니다. 사람을 귀하게 쓰는 사회가 선진국이라고 생각합니다. 최근 UNCTAD에서 대한민국을 32번째 선진국으로 선포하였습니다. 비가 내리는 날 배달 음식을 즐기는 모습에서는 선진국의 모습과는 괴리를 느낍니다. 위험을 무릅쓰고 배달하는 사람에게 주어지는 보상(돈)이 많지 않고, 비 오는 날 위험한 배달 서비스를 받지 않는 모습이 더 인간적으로 성숙한 모습이 아닌가 자문해 봅니다. 우리가 선진국이라 일컫는 나라를 보면, 인건비가 상당히 비싸다는 것을 알 수 있습니다. 사람을 귀하게 대접하는 건 그 사회의 생산성과 경제력에 영향을 많이 받게 됩니다. 고부가가치의 생산으로 경제적인 잉여물을 많이 획득하는 사회이므로 구성원에게 나눠줄 결과물이 많다는 의미이기도 합니다. 선박을 건조하는 경우 선박 건조에 필요한 기술과 소프트웨어를 선진국에서 가지고 있어 부가가치의 상당 부분은 선진국으로 흘러갑니다. 후진국은 건설에 투입되는 인건비를 절약해서 남는 이윤을 겨우 획득하는데 급급한 실정입니다.

경제모형은 비교적 탄탄한 이론적 기반을 가지고 있습니다. 그에 반해 교육모형은 합의된 약속이 없고, 계층과 집단, 개인과 개인의 가치관과 입장에 따라 서로 다른 주장이 난무하고 있습니다. 사회적 합의를 이끌어 내지 못하고 있다 하겠습니다. 정부조직법상 경제부총리와 사회부총리를 두고, 사회부총리를 교육부장관이 겸임하도록 규정하고 있음에도 교육부장관은 사회정책에 관한 조정기능을 거의 발휘하지 못하고 있습니다. 교육은 사회정책과 높은 상관성을 가지고 영향을 주기도 받기도 하면서 실타래처럼 얽혀있다고 봅니다. 그만큼 교육의 문제를 인식하고 해결하는데 많은 변수들을 고려해야 한다는 뜻이기도 합니다. 2025년부터 초·중등교육법 시행령에 따라 특수목적고등학교와 자율형 고등학교는 폐지됩니다. 일반고와 자사고 및 특목고의 관계와 현실을 살펴보면, 자사고를 폐지하는 정책과 유지하는 정책은 그 나름의 타당성과 이유를 가집니다. 유럽국가의 경우 초등학교를 마칠 때쯤이면 직업계고로 진출할 학생과 대학에서 학문을 할 학생이 분류됩니다. 소수의 학생만이 대학으로 진학하게 하고, 고등교육에 대하여 공공성을 인정하고 등록금은 거의 무료에 가깝습니다. 외형상 유럽의 경우 대학입시경쟁이 치열하지 않습니다. 대한민국은 치열한 입시전쟁을 치른다며 유럽형으로 대학입시를 전환해야 한다고 주장하는 분이 계시겠죠. 이는 껍데기를 본 것에 불과합니다. 예를 들어, 스위스의 경우 초등학교 졸업하는 시점에 이미 그 학생의 진로가 결정된다고 해도 과언이 아닙니다. 철처한 평가를 바탕으로 선생님과 학부모가 만나서 학생의 진로의 대강을 정하고 서로 사인을 합니다. 만약 직업학교를 진학하는데 학부모가 거부하고 서명을 하지 않는 경우, 학생은 스위스에 소재한 대학에는 입학하지 못합니다. 다른 나라 대학에 입학하는 건 가능합니다. 우리나라에서 초등학교 졸업 시에 학생이 대학을 진학하지 못한다면 직업학교에 입학하는 것에 대하여 서명을 하라고 한다면, 선생님과 학부모와의 갈등상황은 눈에 선하겠지요. 그만큼 교육과 입학제도는 사회 구성원의 합의와 시스템에 큰 영향을 받는다는 점을 명심해야 합니다. 이에 반해 미국형의 경우 자본주의형 대학구조라고 할 수 있습니다. 수익자 부담의 원칙이 적용되어 고등교육기관의 등록금도 시장가치를 반영하여 상대적으로 높은 수준입니다. 대한민국은 유럽형과 미국형의 중간 혼합형으로 분류할 수 있습니다. 대학이 직면하게 되는 새로운 도전 과제로 학령인구의 감소 현상을 들 수 있습니다. 그동안 우리 교육이 암기식, 주입식 교육이라며 미국처럼 창의적이고 토론식 교육이 필요하다는 주장을 하는 분도 계십니다. 변명하자면, 대한민국의 기성 기업의 문화가 시키는 대로 하라는 군대식의 문화가 깊숙이 스며들어 있기 때문이 아닌가 합니다. 기업에서 요구하는 직원상이 상명하복에 잘 적응하는 사람이라서, 교육기관은 그런 사람을 양성한 것이 아닌지 반문해 봅니다. 사회문화가 개방적이고 창의적으로 변화한다면, 학교 사회도 그 문화가 당연히 확산될 것이라고 생각합니다. 교육도 사회도 함께 변화하겠지요. 초·중등과정에서 만연되고 있는 사교육의 문제도 이와 비슷합니다. 공교육이 사교육을 따라잡지 못하는 사례로는 과거 일제 강점기에 정착한 영어수업방식을 지금의 선생님께서 강의하다 보니, 시설과 교사는 과거에 머물러 학생의 수준과 눈높이에 맞추지 못하는 기형적인 현상이 나타나고 있다는 점입니다. 사명감과 능력을 갖춰 학생 눈높이에 맞는 강의를 이끌어주시는 많은 선생님들의 사례가 전국의 교실에 확산되기를 기원합니다. 한편 선진국에서는 사교육을 쉽게 찾아 보기 힘듭니다. 선진국의 경우 비싼 사립학교가 사교육을 흡수한 결과인지도 모릅니다. 공교육기관에서 사교육 만큼의 교육을 충족시켜 준다면 사교육 시장도 차츰 줄어들지 않을까요? 언젠가는 학생들을 과잉 교육에서 해방시켜 자기를 발견하고 문제해결 능력을 가져 사회에서도 어울려 성장하는 모습이 일상화되기를 기대합니다.

정보화의 진전으로 이제 일등이 살아남는 시대가 될 전망입니다. 포털 검색 사이트도 강력한 하나가 지배하게 될 것입니다. 교실에서의 강의도 공개되면서 최상의 실력자가 존중받고 선택받게 될 것입니다. 교육현장에서도 끊임없는 변화와 발전이 함께 하였으면 좋겠습니다.

강의 후기

2021년도 강의는 줌을 활용한 비대면 강의다. 비대면 강의는 처음이라 연습과 준비를 위해 충분한 시간을 확보해야 한다. 며칠 전 강의 경험이 있는 강사를 만나 연수생의 분위기를 전해 들었던 것이 큰 도움이 된다. 연수생은 각자의 집에서 노트북으로 접속해서 듣는 강의라 질문도 없고 두 시간의 강의가 너무 힘들었다고 토로했다. 그렇다. 반응이 없는 청중을 향해 던지는 지식은 공허할 뿐이다. 공허한 강의라고 하니 오래전 추억이 새롭다. 민방위 교육장에 의무교육을 받으러 갔을 때다. 강당을 꽉 채운 민방위 아저씨는 하나같이 눈을 감고 자는 모습이다. 강사의 눈치를 전혀 보지 않고 태연하게 일동이 잠들었는데, 강사는 열강으로 강의실을 뜨겁게 달궈본다. 강의가 절정에 달할수록 청중의 무관심과 잠은 깊어만 간다. 연수생의 반응과 질문이 없다는 전언을 듣고서 재미를 가미해야 한다는 강박증이 생긴다. 웃긴 유튜버 흉내도 내보고, 마스크도 색깔별로 달리 사용하면서 컴퓨터 카메라의 위치도 이동해 본다. 어떤 각도와 방향이 외모를 예쁘게 보여지는 지 살핀다. 강의 전날은 미장원에 들러 펌을 한다. 젊은 청중이 나이 든 강사를 지루하게 보지 않도록 쓰는 신경은 외모에 집중된다. 외모만 번지르르하면 뭐하나. 강의 내용이 흥미롭고 재미가 있어야 한다. 학생이 강의주제를 재미있어할지 의문이다. 강의 시간을 쪼개기로 한다. 암묵지에 관한 지식을 설명하되 필요한 최소한으로 축약하기로 한다. 여분의 시간은 경험을 말해주기로 한다. 선진국에 파견 근무하면서 느낀 점을 공유하는 것도 사회에 발딛는 후배에게는 귀한 간접경험이 될 것이다. 전문 강사가 아니기에 강의를 준비하는 과정이 서툴지만 설레임은 크다. 지식과 정보에 더해서 수강생이 영감을 받는 기회가 되었으면 한다. 강의를 하고 나면 힘이 쭉 빠질 정도로 목소리 톤도 높고 에너지를 많이 쓰는 편이다. 이번 강의는 평상심을 유지하면서 목소리 톤과 빠르기를 적정하게, 발음을 정확하게 또박또박 해야 한다. 제한된 시간에 많은 정보를 전달하려는 욕심 때문에 말이 빠르고 따라서 발음도 흘림이 많다. 줌 강의의 좋은 점은 녹화 파일을 받아 다시볼 수 있다는 점이다. 두 시간의 강의를 다시보기 하면서 외모는 성공한 거 같다. 적어도 실물보다는 좋게 나왔다. 지식과 정보 그리고 경험을 말하는 것도 나쁘지 않다. 고맙게도 연수생의 반응이 기대 이상으로 좋다. 질문도 많았고, 메일로 피드백도 받았으니 마지막 오후 강의라 집중도가 현저히 떨어질 것이라는 우려는 기우에 불과했다. 컴퓨터 화면으로도 수강생의 집중과 열정을 느낄 수 있었다. 좋은 강의란 재미있어야 하는데, 그 재미는 강사의 사명감과 열정이 학생의 호기심을 자극하는 지점에서 번개처럼 불붙는 것이리라. 즐겁고 재미난 인생 경험이다.

낡시대

 거리에 사람들의 움직임에서도 현대를 느낀다. 지금은 스피드한 시대다. 인터넷 망이 설치되고 얼마지 않아 초고속통신망이 자리잡았다. 지금은 속도 경쟁이다. 도로 위 자동차도 주인을 닮아 속도 경쟁이 한창이다. 주요 도로 속도를 60km에서 50km로 조정하게 된 것도 잘못된 운전 습관을 제어해 보려는 궁여지책이다. 규칙은 참고로만 여긴다. 여간해서는 제한속도를 지키려 들지 않는다. 틈만 나면 가속이다. 단속 카메라를 설치한 곳이라면 그나마 낫다. 빠르면 뭐가 좋은가. 조급함의 발로다. 진득하게 때를 기다리는 여유와 인내심이 부족한 탓이다. 빨리빨리 문화는 사유의 세계에도 침투했다. 결과만을 추구한다. 논리적이고 철학적인 생각의 흐름을 잊어버리고, 결론에 집착하다 보니 공허하다. 결론을 뒤집기도 식은 죽 먹기처럼 한다. 탄탄한 이유와 근거를 알지 못하니 상대방의 귓속말에 쉽게 유혹받기도 한다. 작심삼일도 옛말이 되었다. 과거에는 마음 먹으면 삼일은 갔는가 보다. 요즘 세태는 작심 하루도 힘들다. 결심하는 과정이 치열하지 못하고 즉흥적이니 마음 변화도 갈대와 같다. 마음 먹고 한나절 유지하기도 쉽지 않다. 차를 두고 걸어서 출근하기로 마음 먹었다. 전철역으로 향하는 발걸음이 벌써 더위에 지쳤구나. 길가에 정차해서 손님을 기다리는 택시가 눈에 들어온다. 그래 이번 한 번인데. 택시를 탄다. 택시는 편한 운송수단이면서도 꺼리게 된다. 난폭한 택시를 타는 날이면 불편함을 감수해야 한다. 이번에는 그래도 느낌이 좋다. 나이 지긋하신 기사님이 목적지를 묻는 목소리와 억양에서 품격이 느껴진다. 목적지를 향하는 내내 좋은 말씀을 주신다. 건강하라고. 아들과 손녀와 손자가 잘 자라는 모습을 설명한다. 인품은 그대로 드러나기 마련이다. 자식도 그런 부모와 함께 생활하면 물들기 마련이다. 사회에서 중추적인 역할을 하는 이야기는 목적지에서 마친다. 짧은 인연이지만 한편의 인생의 파노라마를 보았다. 가끔 택시를 타게 되는 건 뜻하지 않은 귀한 인생 이야기를 접할 수 있기 때문이다.

같은 경험 다른 느낌

 인생이 무상하다지만, 사람도 변하는 건 마찬가지다. 예전에 일상으로 하던 판단과 행동이 낯설게만 느껴지는 건 세상이 바뀐 탓인지도 모른다. 당연한 일이 그래서는 안 되는 것으로 변했다. 변화에 순응하지 못하면 탈이 난다. 변하는 환경에 적응하지 못하는 개체가 도태되듯이 인간의 생각과 행동도 시대의 흐름에 맞춰 조화되어야 한다. 변화의 변곡점에서는 희생자가 드러나기 마련이다. 순응해서 살아남는 자는 온전할 것이다. 변화에 둔감한 자는 변화의 변곡점을 지나 변화된 엄격한 기준을 적용받게 된다. 사회적으로 지탄받게 되어 하루아침에 몹쓸 사람이 된다. 당사자는 억울해 항변해보지만 변해버린 세상인심은 싸늘하기만 하다. 변하지 않고 집착하는 마음은 욕심에 기인한다. 누리고 있는 것들을 손에서 놓지 못하니 새 변화를 담을 빈손(여유)이 없다. 옛것을 쥐고 있으니 새것이 들어올 틈이 없다. 기성세대로 경험과 지식을 쌓았으니 좋겠다 싶어도, 그 때문에 형성된 습관 때문에 현재와 어울리지 않을까 두렵다. 넥타이의 미세한 변화도 유행을 타니까 할 말이 없다. 유행과 시대 변화에 발 맞춰 살아야 좋은 이유는 다름 아닌 조화 때문이다. 어울려 사는 세상에 극단적인 것은 좋지 않다. 비슷하게 함께 사는 지혜는 중용의 도와 가깝다. 가끔 유행과 달리 튀는 모습도 나쁘지는 않다. 그것이 아주 짧고 일회적이라면 괜찮다. 세상을 약간 달리 보는 지혜도 발견할 수 있다. 만약 사회와 연결된 일탈이라면 주의해야 한다. 민원사항을 알아봐 주고 필요하면 도움을 주던 시절이 있었다. 그런 관행이 아무런 문제가 되지 않았기에 부탁하는 사람도 받는 사람도 꺼림이 없었다. 지금 시대에 그 습관으로 생활한다면 아마도 바로 구설수에 오를 것이다. 이제는 시스템으로 접근해야 하는 시대다. 사람을 통해서는 위험하다. 필요한 정보가 있다면 정보공개청구 시스템을 활용하면 좋다. 아는 인맥으로 받은 정보는 잘못 인용하다가는 망신당하기 쉽다. 사람과 사람이 연결되면 인간미가 있다고 좋아하던 시대는 이미 지났다. 대중 앞에서 정견을 발표하던 정치인도 컴퓨터를 활용한 사회정보망을 활용하기 시작했다. 통신·기술의 발달은 사람과 사람의 연결고리에 매체가 개입하도록 만들었고 급기야 거대한 시스템이 자리 잡게 했다. 시스템이 견고해질수록 사람은 개체화·분자화되기 쉽다. 사람의 만남이 시스템으로 대체되면서 부패가 줄어드는 긍정적인 효과도 있다. 반면에 사람 냄새 느끼고 싶은 어른은 몰인간적이라고 할 것이다. 이처럼 세상의 변화는 양면성을 가지기 마련이다. 좋은 일에는 어려운 것이 함께 따라다니는 것처럼 말이다. 지난 시간을 회고해 보면, 그래도 세상은 좋은 방향으로 진화한다고 봐도 좋다. 투명하고 깨끗한 정도가 높아질수록 인간미는 줄어들지언정 온전히 사람답게 살기에는 오히려 좋다. 사람과 사람이 직접 어울리면서 불필요한 체면에 정확한 판단을 못하는 경우도 많았다. 만남의 과정에 선물이나 인사치레에 신경 쓰느라 불필요한 에너지를 소모했고, 정작 필요한 곳에 집중할 에너지를 낭비하기도 했다. 특혜를 주려면 반칙과 편법은 불가피했다. 시스템으로 작동하는 사회는 규칙과 절차를 지켜 예측 가능성이 높다.

전설이지만 한 때 명절 기차표를 구입하려 하루 전 밤을 새워 창구 앞에서 줄을 서고 대기했다. 컴퓨터 시스템이 발달한 현대 사회에서는 상상하기 힘든 현실이다. 과학 기술과 시스템으로 사회의 합리성은 그 어느 때보다 높은 수준으로 발전하고 있다. 변화의 속도는 가히 지수함수적이라 해도 옳다. 최근 10년간의 시대변화는 과거 100간의 변화를 훌쩍 넘길 정도로 빠르다. 세상 변화가 빠르니 삶도 여유롭지 못하다. 풍요로와 여유가 있을 거 같아도 변화에 적응하느라 긴장하고 뛰어가기 바쁘다. 인간미가 없으면 어떤가! 젊은 사람이 선택한 사회의 모습은 절차와 규칙을 서로 지켜 인간끼리 부딪치지 않으면서도 결과적으로 인간을 서로 존중하니 어른은 젊은이를 존중하게 된다. 후대의 사람이 더 지혜롭고 멋질 것이라 믿어 의심치 않는다.

사랑의 거리

 행복한 인생에 필수품은 사랑이다. 찬송가에도 믿음과 소망과 사랑 중에 제일은 사랑이라고 한다. 원수를 사랑하라고 한다. 에고로 가득 찬 인간이라면 원수를 만들기 쉽지 않을까. 원수를 사랑한다면 이미 원수가 아닌 것이다. 원수를 사랑하면 미워하는 마음이 설 곳이 없다. 밀어내는 마음은 그 마음을 내는 사람을 힘들게 할 뿐이다. 도저히 만나면 열불이 나서 힘들게 하는 사람이라면 거리 두기를 해보자. 시어머니와 며느리가 만나서 서로 힘들다면 만남을 줄이는 것도 나쁘지 않다. 가까이에서 보고 느낄 수 없었던 것을 떨어져서 보기도 한다. 미시경제학에서 잡지 못하는 경제 이슈를 거시경제학이 설명할 수 있는 것처럼 근거리에 있어 좋은 점과 거리를 두어 얻을 수 있는 이점은 따로 있다. 사랑이 깊어 질투와 미움으로 변하려 한다면 잠시 멈춰 돌아보자. 보이지 않을 만큼 멀어진다면 밉고 싫음도 희미하게 된다. 조화를 찾은 인생이라면 사랑에도 적정한 간격을 조정해 균형점을 발견하는 지혜가 필요하다.

학령인구 감소와 코로나19 그리고 교육**

 현재의 우리 사회 문제의 근원은 저출산과 코로나19 팬데믹 현상에 기인한다. 교육문제도 마찬가지다. 학령인구의 감소로 인한 고등교육기관의 학생 부족과 재정위기, 비대면·디지털 교육의 확산으로 발생한 교육격차의 문제를 진단하고 해결방안을 모색해 보기로 한다.

고등교육기관 학생 미충원과 재정위기
 현재 지방대학 등 고등교육기관의 위기는 학령인구 감소에 따른 학생 미충원, 등록금 동결, 수도권·지방대학 양극화 등이다. 2021년도 전체대학의 입학생 충원율은 91.4%이고, 전문대학의 경우 전국 입학생 충원율은 84.4%에 불과하다.13) 학교 현장의 목소리는 다음과 같다. 고등교육 재원 확보를 위한 교육재정교부금 확보와 모집정원을 탄력적으로 운영하기 위한 '모집정원 유보제' 도입 및 학사운영 구조 다양화, 학교기업의 활동에 대한 면세, 사립학교법인에 부과되는 각종 세금을 국·공립대와 동일하게 면세 또는 감면, 폐교 및 해산과 청산 등에 필요

** 국회보. 2021년 9월호에 실린 글이다.
13) 2021년도 전체대학의 입학생 충원율은 91.4%로써, 수도권은 94.7%, 비수도권은 89.2%이며, 전문대학의 경우 전국 입학생 충원율은 84.4%, 수도권은 86.6%, 비수도권은 82.7%로 나타났다.

한 지원 등을 바란다. 이처럼 학령인구의 감소에 따라 정원의 재구조화는 불가피할 것으로 전망된다. 고교졸업-대입-취업 구조 혁신 정책과 대학이 스스로 새로운 혁신 체계를 갖출 수 있도록 필요한 예산 지원방안도 논의해야 한다. 대학의 위기는 학령인구의 감소 이외에도 지난 13년간의 등록금 동결과 OECD 평균인 1.1%의 절반도 안 되는 0.5% 수준의 부족한 고등교육 지원 규모에 있다고 보고, 고등교육에 한시적으로 정부의 재정을 투입할 필요가 있다는 정책 논의를 기대한다.

코로나-19와 교육격차 해소 정책

 코로나-19팬데믹으로 학교 현장에서 학력 격차와 학생의 사회성 결핍의 부작용이 속출하고 있다. 대면 교육의 부족으로 학생의 공감 능력을 배양하는 학교의 기능이 위축되고 있다. 서울시교육청 산하 서울교육정책연구소의 '코로나19 전후 중학교 학업 성취 등급 분포를 통해 살펴본 학교 내 학력격차 실태분석'을 보면, 서울시내 중학교 382곳에서 코로나19 이후 국·영·수 과목의 중위권 학생 비중이 줄고 하위권은 늘었다는 결과가 나왔다. 정부는 학생의 교육 회복을 위해 2024년까지 3조 원의 예산을 투입하여 과밀학급을 해소하고 기초학력 보장을 위한 학습도움닫기, 맞춤형 학습지원 등의 정책을 추진할 계획이다. 교육회복 정책의 제도화는 현재 교육위원회에 계류되어 있는 관련 법안14)이 제정되어야 힘을 받게 될 것이다.

대학 등 고등교육기관에서도 온라인 교육이 전면 실시되면서 학습권 침해를 중심으로 학생들의 대학등록금 반환 요구, 전문대학의 학습결손 문제, 대학 재정여건에 따른 학습격차 등이 사회적 이슈화되고 있

---

14) 강득구 의원 대표발의안, 기초학력 보장법안 및 김병욱 의원 대표발의안, 학력향상지원법안이 교육위원회에 계류되어 있음.

다. 대학은 온라인 교육 실시, 등록금 반환 요구, 방역 등으로 재정난을 호소하고 있으며, 재정지원 확대 및 사용용도 제한 완화 등을 요구하고 있다. 2022년 예산을 심의하는 단계에서 '3단계 산학연협력 선도대학(LINK3.0) 육성사업'을 통한 대학 산학연협력 활동을 지원하는 재정지원사업에 관한 요구와 관심이 증폭될 것이다.

고교학점제 근거 마련 등을 위한 교육과정 개정

2025년부터 본격 시행되는 고교학점제는 고등학생도 대학처럼 학생이 진로에 따른 원하는 과목을 선택하고 192학점을 채우면 졸업하는 제도다. 정부가 발표한 '고교학점제 종합 추진계획'에 따르면 고교학점제 도입은 고교체제 개편(외고·자사고 등 일반고 전환)과 더불어 우리나라 고등학교 교육의 근본적인 패러다임 전환을 위한 핵심 국정과제로 인공지능 등 4차 산업혁명으로 인한 급격한 사회변화, 감염병 발생, 학령인구 급감 등 불확실한 환경 속에서 학생 한 명 한 명이 자신의 진로와 적성을 찾아 자기주도적 인재로 성장할 수 있도록 지원하는 취지를 담고 있다. 고교학점제가 학교 현장에서 뿌리내리도록 교원[15] 및 학교 공간 등의 지원체계를 마련하기 위한 논의될 것이다. '국가교육위원회 설치법'이 국회를 통과하였다. 국가교육위원회 설치법은 지난 2002년 대선에서 처음으로 공약으로 제시된 이후 20년 이상의 산고를 거쳐 출범한 교육기구로서 광범위한 국민의 의견을 교육정책에 수렴하려는 제도적 장치다. 2022년 7월 중순에 국가교육위원회가 원만하게 출범할 수 있도록 정부와 국회 및 국민이 적극적으로 협력해 나가야 할 것이다.

---

[15] 학교교육은 교원 자격 소지자가 담당하는 것이 원칙이나 예외적으로 학교 밖 전문가가 한시적으로 특정 교과를 담당할 수 있도록 제도를 개선할 필요가 있다.

세상에서 합리성 찾기

　물 흐르듯 자연스럽다면 편하다. 낮은 곳을 지향해서 흘러간다면 순조롭다. 큰 힘이나 애를 쓰지 않아도 가능하다. 만약 낮은 곳에서 높은 지점으로 거스른다면 몇 배의 힘과 에너지를 쏟아야 가능하다. 그것도 가공되어 인위적이라 자연스럽지 않다. 삶이 순리에 따라 유유자적하다면 얼마나 좋겠는가만은 사람이 만든 제도나 규칙은 그렇지 못하다. 불완전한 인간의 모습을 닮아 불투명하기도 하고, 앞뒤가 서로 맞지 않아 부조리하기도 하다.
　노자는 상선약수라면서 물의 속성에서 지고지순한 선을 찾았다. 낮은 곳을 향해 흐르면서, 방해물이 나타나면 다투지 않고 우회하며, 어떤 모양이라도 수용하는 물의 속성이 선의 모습이라면, 우리도 물처럼 자신을 드러내지 않을 때 비로소 평안한 도의 생활을 영위할 수 있다는 것이리라. 자신을 환경에 완전히 맞춰 생활하기란 진실로 쉽지 않다. 문득 인간이라면 마땅히 이러해야 한다는 상념을 상대방에게 주입하기 마련이다.
　민원서류를 발급하는 과정에서 겪은 일화다. 정보화시대에 민원서류 발급이 자동화된 상황에서 아직도 시스템화되지 아니한 민원발급서류가 있다는 것이 놀랍다. 서류를 발급 받는 과정에서 문의처로 질문하니 답변은 모른다는 것이다. 담당자가 알지 못하므로 알아보고 연락을 주겠다는 미안함도 보이지 않고 당당하게 모른다고 말하는데 기가 차다. 예전 선배님의 일화가 떠오른다. 바닷가에 해상호텔을 건설하려는 선배님의 사업구상은 결국 꽃도 피우지 못하고 끝을 맺었다. 창구 공무원을 찾아서 문의하면, 소관이 다른 곳이라고 핑퐁을 돌리더란다. 각종 규제는 다수 부처에서 중복으로 걸려있는데, 책임지고 허가를 발급해주는 부서는 없었던 것이다. 몰라서 묻는 민원인에게 오히려 모르는 것을 자랑하고 있는 수화기 너머의 담당자 목소리를 들으며 뻔뻔하기조차 하다는 느낌을 지울 수가 없다. 사명감과 책임감을 바라기에는 너무 먼 담당자다. 프로는 모르는 것을 부끄럽게 인식하고, 알아서 안내해주려는 책임으로 충만하다. 첨부서류에서부터 안내 시스템까지 뭐 하나 마음에 쏙 드는 구석이 없다. 이처럼 실생활에서 자신을 낮춰 상대를 인정하고 실천하기란 범부로서는 끊임없는 노력과 정성을 들여야 하는 과정인 것이다.

 며칠 전 대학원생을 수강생으로 두어 시간의 강의를 했다. 강의 전에 몇 시간의 연습과 연습 강의를 녹화해서 다시 보기를 하면서 실전 강의에서의 주의점을 찾는다. 퍼머를 하고 외모를 단정하게 다듬어 보기 좋게 꾸민다. 강의를 마치고 녹화파일을 모니터링한다. 학생이 수업에 몰입할 수 있도록 강사로서 할 수 있는 최선을 다해본다. 현대를 살면서 자신의 역할에 충실한 지식과 열정을 연마하는 것이야말로 연결된 상대방을 존중하는 에티켓이다. 아마도 강의 평가가 나쁘지 않았다면 강의 수준이나 내용보다도 강사의 열정이 수강생의 마음을 움직였을 거다. 비대면 강의라서 집에서 노트북으로 수강하는 강의이기에 질문이 없어도 이상하지 않았을 거다. 질문과 응답과정에서 집중하고 재미를 느끼고 있다는 사실에 감사하다. 열정과 사명감 그리고 책임으로 작은 변화에 주의하고 조심하는 마음가짐이 세상이 자연스레 합리성을 향해 굴러가는 수레바퀴의 동력이 될 것이다. 그런 멋진 사람의 향기가 그립다.

국가교육위원회 출범**

 7월 1일(목) 제388회 국회(임시회) 본회의에서 '국가교육위원회 설치 및 운영에 관한 법률(이하 '국가교육위원회 설치법')이 의결되었다. 국가교육위원회 설치법은 공포 1년 후에 시행되므로, 내년 7월 중순에 국가교육위원회가 출범하게 된다.
 국가교육위원회는 합의제 행정위원회 조직으로서 사회적 합의에 기반한 일관된 교육정책 추진 기틀을 마련하는 데 큰 의의가 있다. 학생과 청년 및 학부모가 교육정책 과정에 참여하게 되었으며, (전문)대교협, 교원관련 단체 등 다양한 분야의 추천으로 위원을 구성하게 된다. 상시적 국민의견 수렴기구인 국민참여위원회 운영 등 국민의 정책결정 참여를 제도적으로 확대하게 되었다. 국가교육위원회 신설은 백년대계 교육을 위한 초석이자 새로운 시작이다.

법률 추진 경과

 '국가교육위원회 설치법'은 지난 2002년 대선에서 처음으로 공약으로 제시된 이후 꾸준히 대선 공약으로 제시되어 왔으며, 20년 이상 교육계를 포함한 사회 각계각층에서 활발한 논의가 이루어져 왔다[16].

지난 19대 국회(2012.5.~2016.5.) 이후 20대 국회(2016.5.~2020.5.)와 21대 국회(2020.5.~)까지 총 12건의 국가교육위원회 설치 법률안이 발의되었다17).

특히, 21대 국회에서는 유기홍 교육위원장을 비롯한 5명의 의원이 국가교육위원회 설치 법률안을 발의하여, 토론회(2020.11.), 공청회 2회(2020.12., 2021.2.) 안건조정위 심의(2021.2.~2021.5.) 등 충분하고 심도 있는 국회 논의과정을 거쳤다. 이후 국가 교육위원회 전체회의(6.10.) 의결과 법제사법위원회 심의(6.30.)를 거쳐 7월 1일(목) 국회 본회의에서 의결되었다.

국가교육위원회법안 쟁점과 내용

헌법에 보장된 교육의 자주성·전문성·정치적 중립성을 보장하고 교육정책의 일관성과 안정성 제고로 교육 발전에 이바지하려는 교육위원회 설치목적에는 모두가 공감했다. 위원회의 권한과 성격을 두고는 입장 차이가 팽팽히 맞섰다. 자문기구로 하려는 입장은 선출직인 대통령을 정점으로 정부의 교육정책 책임성을 확보하자는 것이다. 국민의 대표성이 없는 위원회 조직에 교육정책을 결정하는 권한을 부여하게 되면, 국민의 의사를 제대로 반영하지 못한다는 것이다. 반면에 위원회를 자문기구로 한다면 교육정책이 정권의 교체에 영향을 받을 수

**국회보 2021년 9월호에 실린 글이다.

16) 이회창(2002, 21세기 국가교육위원회) / 정동영(2007, 국가미래전략교육회의) / 문재인(2012, 국가교육위원회), 박근혜(2012, 국가미래교육위원회) / 문재인(2017, 국가교육위원회), 홍준표(2017, 국가교육위원회), 안철수(2017, 국가교육위원회), 심상정(2017, 교육미래위원회), 유승민(2017, 미래교육위원회)

17) 19대 국회:이용섭(2012.10.) / 20대 국회: 안민석(2016.7.), 박경미(2017.6.), 유성엽(2018.5.), 조승래(2019.3.), 전희경(2019.9.) 박홍근(2016.6.) / 21대 국회 : 안민석(2020.6.), 정청래(2020.7.), 유기홍(2020.9.), 강민정(2020.9.), 정경희(2021.1.)

밖에 없어 미래교육을 안정적으로 대비하는 데 걸림돌이 된다는 것이다. 위원회에 의결권을 주면서 교육부의 권한과 중복되지 않도록 여러 차례의 미세조정(fine tuning)을 거쳤다.

 산고의 과정을 거쳐 국가교육위원회는 대통령소속의 행정위원회로 발족하였다. 위원회는 21명으로 구성하되, 학생, 청년, 학부모, 지역주민 등 사회계층을 대변할 수 있는 사람을 포함하여 위원의 다양성과 대표성을 확보했다. 위원회는 국가교육발전계획 수립에 관한 사항, 국가교육과정 기준과 내용의 수립에 관한 사항, 교육정책에 관한 국민의견 수렴·조정에 관한 사항을 소관 사무로 한다.

국가교육위원회 설치의 의미와 과제

 이번 법률 통과로 다양한 교육주체들이 모인 사회적 합의기구를 통해 교육정책 방향을 결정할 수 있는 기반이 마련되었으며, 국가교육위원회는 국민참여위원회 등을 통하여 광범위한 국민 의견을 수렴함으로써 국민의 정책결정 참여를 제도적으로 확립하였다. 국가교육위원회가 사회적 합의를 기반으로 10년의 국가교육발전계획을 수립하면, 교육부는 그 방향에 맞게 구체적 정책을 수립하고 집행해 나가게 된다.

 초·중등 교육분야는 본격적으로 시·도교육청으로 이양하고, 교육부는 교육복지, 교육격차, 학생안전·건강, 예산·법률 등 국가적 책무성이 요구되는 부분에 집중하며, 고등교육, 평생직업교육과 인재양성 등 사회부총리 부처로서의 기능을 강화하게 될 것이다.

 국가교육위원회는 초 정권, 초 당파적으로 일관되게 교육정책을 추진할 수 있는 새로운 거버넌스의 구성이며, 국민이 바라는 백년대계 교육을 실현할 초석이 되어야 한다. 정부(교육부)는 관련 부처와 협의를 통해 (가칭)국가교육위원회 출범 준비단을 구성하고, 법에서 위임한 사항들에 대한 시행령 제정 및 위원 임명을 위한 절차를 거치는 등 철저하고 세심하게 준비하여, 우리나라 교육정책이 미래에 적극적으로 대응하고 일관되게 추진될 수 있도록 전환 채비를 확실하게 하여야 할 것이다.

소설 일상

 여느 날과 특별할 것도 없는 그런 날이다. 아직 동트기는 많이 남았다. 어둠이 모든 것을 덮어버렸다. 자동차의 소음도, 사람의 웃음소리도, 바람도 멈춰 고요와 적막만이 깜깜한 밤을 지켜 버티고 있다. 마치 빅뱅 현상이 나타나기 바로 직전의 그것처럼 어둠과 고요는 일상의 활동을 품고 있어 정지된 것이라고 규정짓기 어렵다.

 동이 트기도 전 어둠이 내린 거리를 친구와 걷는다. 추운 겨울이 막 시작한 때라 총총걸음으로 뛰다시피 걷는다. 밤이 내린 거리가 무섭기도 하고, 뛰면 추위를 잊기 좋기 때문일 거다. 아침잠이 많은 아이가 이렇게 새벽같이 서두르는 건 목적이 있어 가능하다. 작년부터 시작한 우표수집 취미는 동네 아이에게 유행처럼 번졌다. 우표를 구입하려면 꽤 돈이 드는데도 가난한 동네에서도 이런 취미가 열병처럼 확산되는 건 모르는 이유가 있을 거다. 수집해서 되팔아서 금전적인 이득을 취할 수 있다며 수집을 부추기는 판매상도 한 몫한다. 한 장으로 된 낱장은 가치가 떨어진다며 20장짜리 묶음으로 구매해야 좋다며 유혹한다. 돈이 부족하면 5장, 10장 묶음이 좋다고 권유하는데 이미 우표에 푹 빠진 아이는 주머니 사정에 맞춰 최대한 구매하게 된다.

예나 지금이나 상술은 사기에 가깝다. 어른에게 배운 삶의 방식은 아이에게 고스란이 전수된다. 서로 사고 팔기를 하면서 작은 시장이 형성된다. 기념일이라서 셋트를 구매할 수 있는 날이면 새벽같이 우체국 앞에 줄서서 문이 열리기만을 기다린다. 제법 길게 늘어선 줄은 수집 열풍이 여러 마음에 열병처럼 번졌다는 것을 알려준다. 이 광풍도 시간이 지나면 또 다른 광풍이 덮어버릴 거다. 새로운 바람이 불기 전에 모아둔 우표는 한 권을 채우고도 남는다. 지문이 묻으면 가치가 떨어진다고 귀에 못이 박히도록 들었기에 구입한 우표는 핀셋으로 조심스레 집어 넣는다. 먼지도 멀리해야 하는 잡음에 속한다. 때문에 수집책은 하얀 비닐이 있어 깨끗함을 유지하게 한다. 이처럼 뭔가에 정신을 뺏긴다는 건 몰입하는 것과 같다. 우표 수집에 팔린 정신은 자기를 잊기에 충분하다. 정확하게는 수집행위 자체에 빠진 거다. 아마도 우표가 아니어도 그때 그 시절에는 빠지고 싶은 마음 작용이 생동하기에 다른 무엇이 있었다면 그것에 빠져서 허우적대고 있었을 테다. 정신을 못차릴 정도로 빠지는 것이 있다는 건 어쩌면 행복한 일이다. 어릴 때는 나를 찾는 시간으로 채웠다면, 성인이 되면서 점점 나를 내려놓는 데서 얻게 되는 평안함을 누리려 한다. 나를 찾아 고집하는 순간 삶이 어려워진다는 걸 알게 되면서부터다. 좋아 즐기는 순간이야말로 나를 잊고 세상과 나의 일치를 맛본다. 분별하고 구분하는 정신이 흐려지면서 세상과 잦은 동화를 한다.

새벽을 여는 까닭

 일찍 시작할 까닭이 있다. 그렇다고 서둘 필요는 없다. 습관이 형성되기 전이라 깊은 잠의 문턱을 넘지 못한다. 선잠이라 날로 새며 맞는 새벽이다. 백문이 불여일견이라 했던가. 깜깜한 새벽이라 세상이 조용한 줄만 알았다. 그런 세상이 아니었다. 분주하게 움직이고 준비하는 시간으로 꽉 찬 새벽이다. 땅에 깔린 어둠을 밀어내는건 하늘의 빛이다. 벌써 하늘은 푸르름을 뽐내고 있다. 어둠을 가르며 도착한 이 곳에는 각자의 위치에서 역할 놀이에 여념이 없다. 이렇게 새벽을 가르며 달려온 까닭은 감사와 미안한 마음이 일어서이다. 각자의 일정과 계획에 톱니바퀴 돌아가는 일상에서 피할 수 없는 사정이라지만 일상의 의도적인 변동은 흐르는 물길을 거슬러 올리는 것처럼 힘들고도 어렵다. 삶은 자연스레 흘러가는 대로 맞추는 게 좋다. 굳이 운을 거슬러 어려움을 자초할 만큼 충분한 여유와 기회가 늘 있어주기란 기대하기 어렵다. 세상 이치를 알고도 지키지 못할 까닭이 있다. 일탈에서 느끼는 충격으로 보고 알게 되는 새로움은 감사한 마음과 어우러져 긴 밤을 설쳐 지친 육신의 피로를 날려버리고도 남는다. 그래 그렇다. 기계의 부품이 고장나 작동하지 않는다면 수리해야 한다. 그렇지만 삶은 언제나 완전하므로 고장나거나 일그러져도 고쳐 수리할 이유가 없다. 그냥 그대로 즐기면 되는 거다.

대출 권하는 사회

인플레이션 시대에는 빚을 져도 나쁘지 않다. 정확하게는 빚을 내지 않는 사람이 경제학의 지식이 짧은 탓이다. 지금 대출받아 상환할 때쯤이면 돈의 실질 가치는 떨어진 상태이니 실질적으로는 적게 갚는 이치다. 대출이란 미래의 소비를 당겨서 지금 현재 지출하는 것을 말하는데, 시간의 흐름에 가치의 항상성을 보장하지 않는다면 당연히 현재로 당겨 투자든 소비든 하는 것이 남는 장사다. 까르페디엠이 한 때 유행했다. 도대체 요즘 사람들의 선택행위를 보노라면 미래는 없다는 식이다. 오로지 현재에 살기 급급한 모습이다. 그도 그럴것이 천정부지로 치솟는 아파트 가격과 코로나19로 인한 자영업의 위기는 인플레이션과 겹쳐 총체적인 난국이다. 이 시대를 살아가는 사람으로서 합리적인 경제적 행위를 기대하는 것 자체가 어렵다. 그래 그렇다고 치자. 잠시의 여유를 가지고 성찰해보자. 개인의 합리성이 사회의 합리성으로 귀결되지는 않더라도 지금처럼 그물망처럼 연결된 사회에서 개인은 깨달아야 한다. 사회를 존중하고 배려할 때만이 개인이 바로 설 수 있다는 사실을 자각해야만 한다. 아파트 가격을 올리는 투기세력이 있다면 철저하게 주의해야 한다. 투기세력에 영합해서는 안 된다. 젊은 이가 결혼해서 가정을 꾸리고 자녀를 양육한다면 축복보다 한숨이 먼저 나오는 상황이다. 비정상을 정상으로 돌려놔야 한다. 우리 기성세대의 책임이다. 절약하고 저축하며 없는 살림에서도 인내하고 미래를 위해 오늘을 희생했던 조상의 지혜를 배워야 하는 시점이다. 사회를 탓하고 좌절하기에는 이미 너무 멀리 왔다. 개인 한 사람 한 사람이 자각해서 실천하는 용기를 내야 한다. 살기 위한 몸부림으로 받는 대출을 막을 수는 없다. 허왕된 욕심을 채우기 위한 무리한 투자를 겨냥한 빚내기는 이제 자중해야 한다. 물거품처럼 커져버린 버블은 환상이 되어 곧 터지기 일보직전이다. 너와 나를 살리는 첫 걸음은 바로 당신의 결단에 찬 행동이다. 사회를 사랑하는 한마음을 기대한다.

즐거운 상상

　커피 향 가득한 공간에서 추억의 책장을 넘겨보니 설레는 일상이 한 쪽이다. 당장에라도 달려가 그 무대에 서고 싶다. 젊은 청춘의 시대이기에 캠퍼스 교정을 걷는 걸음도 가볍다. 그렇게 달콤한 아침잠이라 9시 첫 수업에는 지각하지 않으려 힘써 노력했다. 하숙집의 아침밥은 검소하다. 계란 후라이 하나에 버터와 간장 비빔밥이다. 늘 먹는 데도 질리지도 않고 꼬박꼬박 챙겨서 먹었다. 첫 수업을 듣고 다음 수강 때까지 여유시간은 도서관에서 보낸다. 강의실에서 도서관 가는 길은 사계절을 느낄 수 있다. 봄날이면 꽃들이 흐드러져 겨우내 참고 견딘 인내의 결실을 한껏 뽐낸다. 가을이면 뒹구는 낙엽들이 타향에서의 쓸쓸함을 더한다. 더운 여름과 추운 겨울은 봄과 가을이 확장한 것이다. 여름은 봄이 확장한 것이요, 겨울은 가을이 팽창한 것이다. 중용과 중간지대에 삶의 지표가 있는 건 계절도 마찬가지다. 도서관 입구에 설치된 자동판매기는 연일 바쁘다. 수북이 쌓인 종이컵은 그날의 매상을 짐작하는데 충분하다. 120원 자판기 커피는 공부로 지친 몸과 마음을 달래는 데는 최고다. 달달한 맛이 피로를 푸는데 좋고, 짧은 휴식의 시간은 상상을 자극한다. 영자신문의 사설은 영어공부를 하는 질료다. 기본법과 전공 과목을 펼치면 미지의 세계가 열린다. 모르는 이론을 하나하나 알아가는 기뿜은 세상에서 찾은 행복이다. 책 속에 숨은 이론은 의도된 거짓을 포함하지 않는다. 세상의 거짓과 기만이 없으므로, 거울로 삼아 마음마저도 청명해진다. 밝은 얼굴에 티 없는 미소는 깨끗한 곳에서 함께 자란다. 추억 속 아련한 경제이론은 소박한 웃음으로 표현된다. 점심 시간에는 구내식당이 붐빈다. 600원 비빔밥이 대부분 학생의 선택지다. 일부는 라면으로 마음에 점을 찍기도 한다. 형편이 어려워 한 끼 식사를 거르는 친구도 어렵지 않게 눈에 띈다. 반납하는 식판을 들고 추가밥을 받아 김치로 배를 채우는 모습이 낯설지 않다. 배식하는 분이 알아도 서로 모른 체 하는 건 인간의 배려하는 마음이 작용한 탓이다. 이렇게 수업과 도서관을 몇 번 왕래하면 어둠이 내리니 일상의 하루가 그렇게 저문다. 별빛 초롱한 밤길을 헤쳐 도착한 숙소. 친구와의 대화에는 통조림 생선 몇 가지와 음료가 빠지지 않는다. 철학을 논하는 선배도, 연애 이야기로 흥미로운 동료도 숨은 사랑을 뽐내느라 시간 가는 줄을 잊었다. 문득 캠퍼스로 달려가 그때 그시절의 추억을 확인하려는 건 시간과 공간이 모두 변한 지금도 캠퍼스의 건물과 길은 그대로이라는 착각 때문이다. 모든 것이 변한다 해도 변하는 속도가 서로 달라 착각해도 좋다. 유럽의 오래된 건물은 역사성을 뽐낸다. 거주하는 사람부터 건물의 가치를 인정하고 자랑한다. 30년을 채 넘기지 못하고 재건축이라는 미명하게 무너뜨리고 새로 짓는데 급급한 모습과는 사뭇 다르다. 새롭고 신박함이 좋기야 하겠지만, 세월을 버텨 이겨낸 묵은 것이야말로 대접받아 충분하다. 경로사상이 퇴색된 지금도 나이 한 살이라도 더 먹은 분을 존경해야 하는 건 세상 살이가 그렇게 만만하고 쉽지 않은 까닭이다. 하루살이가 이렇게 쉽지 않은데, 먼저 이 세상을 살아가는 어른은 그 어려움을 참고 인내하며 지내온 세월만큼 존중받아야 한다. 캠퍼스를 묵묵히 지킨 나무 한 그루와 강의실 건물이 대단하게 보이는 까닭이다.

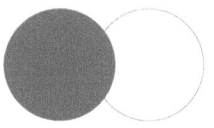

더하기
짧은 글
(aphorism)

사랑하는 딸 아들아

자랑하지 말며. 드러내지 말며 머금어 느껴 즐겨라. 인생이란 소중한 보물이 비밀조각으로 덮혀 있는데 그 껍질을 벗겨 느끼는 맛이야 과히 꿀맛과 비길 수 없다. 고난이 찾아와 너무 힘들 땐 한껍질 벗겨 맛봐도 괜찮다.

진리의 바다에서 파도를 느껴 보면, 코끼리 장님 만지는 것과 별반 다르지 않다. 삶이 몽상이요 신기루라고 환상이라는 건 참 진실의 고요한 바다를 알지 못하는 것과 같다. 안다는 착각을 하지 마라. 진리의 바다는 넓고 깊어 깨친 심안의 눈으로 바라봐도 겨우 느낄 수 있을 뿐. 전부를 볼 수는 없을 테다. 느껴 즐겨라.

진리의 바다는 한없이 넓다. 인간의 지식과 경험은 진리의 바다에서 춤추는 파도와 같다. 지금 스쳐지나는 느낌과 감정이란 당신의 기억 창고에서 끄집어 낸 자화상에 불과하다. 진리는 좀처럼 전체를 드러내지 않기에 보고 느껴 진리를 알지 못한다. 옳다고 생각하는 관념은 정신작용이 만든 착각에 불과하다. 옳고 그름을 재단하고 선택하기보다는 한 단계 높은 차원에서 바라보라.

때로는 관행에 따라 편안함을 추구해도 좋다. 관행이란 선인이 오랫동안 쌓아온 축적된 지혜의 결정체다.

두려움
이 나이가 되어보니 알 것 같다라는 말을 한다. 세월따라 더해진 경험이 두려움을 덜어준다. 미지의 세계와 대화하는 두려움에 한발짝도 움직이지 못한다. 처음이 주는 설레임은 두렵다는 느낌이 덮어 버린다. 두려워도 괜찮아. 그 두려움은 경험하지 못해 느끼는 환상에 불과해.

우연의 필연
마음공부를 하면 세상이 도와주는 체험을 한다는 설명을 듣는다. 긍정으로 바라보는 세상이라면 긍정으로 화답할 것이기에 세상이 주는 도움을 마음껏 즐겨라. 우연이 필연으로 전환하는 건 세상과 합일이 되는 경험에서 가능한 기적과 같은 일상이다.

일을 잘하려 노력하기보다 실수를 줄이는 데 소홀함이 없어야 한다. 일의 결실은 아주 사소한 데서 출발한다. 가을의 열매는 봄의 작은 씨앗 그 전 혹독한 겨울에 여문 움츠림에서 시작한다.

사랑은 만병통치약이다. 마음을 전할 때나 나로 향할 때나 세상으로 나아갈 때 언제나 사랑의 묘약으로 포장해야 한다. 약의 쓴맛을 캡슐로 포장하듯, 인생의 두려움과 고난을 사랑의 캡슐로 포장하라. 눈을 바라보며 전하는 사랑은 빠르고 쉽게 도달하는 비법이다.

세도스 마음 혁명에서 나는 누구인가. 무엇이 행복인가. 죽음에의 기억이 성장의 요인이라고 체험한 톨스토이가 설파했다. 시한부 인생을 사는 나. 나는 세상이요. 살아있는 나는 펼쳐지는 세상이나 죽은 나는 세상의 부분일 뿐. 세상은 나다.

 나는 사랑으로 행복하다. 주파수가 다를 뿐 다른 차원의 행복이라 세상은 그렇게 평온하고 고요하며 충만타. 빈 곳은 채워지며 차서 넘치면 그만큼 채워 있을 뿐. 고통도 기쁨도 선도 악도 다른 차원에서는 위치 바꿈도 쉬이 생겨 사라진다. 너나 구분이 없어 경계선마저 희미한 그 경지에서 사랑이 행복으로 가는 길이다. 나는 세상이기에 세상을 사랑하라. 사랑이 넘쳐 온통 사랑으로 되범벅이 된 세상에서 사랑으로 덮어쓴 모습을 보고 즐겨라. 꿀물이 뚝뚝 떨어지듯 사랑이 묻어나니 세상에 관심과 존중이 몸으로 발현된다. 진실로 세상을 사랑하니 거칠 것이 없구나. 흘려버리기 놓아주기는 사랑으로 가능하다. 이쯤되면 사랑이 만병통치약이래도 믿겠다. 예수님의 사랑과 부처님의 자비와 다르지 않겠다.   사랑의 약은 먼저 산 세상이 알려주는데도 지금 세상에서는 좋은 줄 모르고 그냥 지난다. 공기가 있어 공기 소중한줄 모른다. 다 있을 뿐. 있는데 보지 못하고. 소중한 사랑으로 샤워하라.

세상은 자연은 그대로 온전하다
 내가 부족하다는 생각은 환상이다. 그로 주저하는 마음이 일어 행하지 못해 체험하지 못하니 인생의 기회를 놓친 거다. 세상은 너의 부족함을 부족하다 인식하지 못한다. 만약 부족하다면 채워줄 것이다. 자연은 부족함을 알지 못한다. 허용하지 않는다.

그럴 수도 있지. 허용해라. 괜찮다. 그러니 괜찮아.

품격있는 언어 사용에 노력해라. 사람의 언행은 세상과 맞닿는 센서다. 세상이 언행과 같다. 가끔 싸고 편하고 저속한 단어로 친밀감을 드러내려는 의도와 달리 세상은 눈을 돌린다. 그러니 드러내는 건 옳지 않다. 살짝 감춰두는 비밀스러움이 자연은 신비감으로 다가온다. 의도한 시도는 아름답지 않다. 인공이 가미된 자연은 자연스러움을 비껴 자연이 아니기 때문이다. 물 흐르듯 자연스레 드러날 뿐이다. 인위적으로 드러낸다면 거기에는 에너지의 사용과 또 다른 불편함이 자리하게 될 것이다. 의도적으로 품격있는 단어를 사용할 필요도 없다. 자연스레 또박또박 그냥 그대로 표현할 뿐.

 지금 그대로 있을 뿐, 인연법 또는 자연·환경의 조합으로 나타날 뿐, 나라는 존재가 있다고 말하기 어렵다. 같은 환경 조건에 처해도 행동과 반응에 약간의 차이가 있다면 그 차이가 나를 정의하는 속성 값이 될까. 며칠을 굶어 도저히 허기진 배를 참기 어렵다면 대부분 빵을 훔치려 들겠지만 한 두 사람은 참고 인내한다면. 생명은 생명을 먹으며 산다는 것은 같다.

인간은 누구나가 전체를 인식하지 못한다. 경험과 지식과 느낌과 생각으로 판단한다. 이것마저도 완전하지 못해 오해와 편견은 일상이다. 그래 그렇다. 불완전한 모습을 인정한다면 물들지 않아 평화롭다. 누군가 너를 모욕하더라도 그럴수도 있다고 허용하며 흘려 보내줘라. 평온이 함께 지켜줄 거다.

청개구리
어린시절 청개구리는 말썽꾸러기의 상징이다. 부모의 말에 반대로만 행동하는 모습에 부모의 묘를 냇가에 두라고 했더니 이번에는 그 말 그대로 따라 비만 내리면 개굴개굴 노래를 부른다.

잡아 집착하면 오히려 멀어진다. 사랑으로 치유하라. 역력 반대힘이 강하게 작용한다. 끌어오려 힘을 쓰지 말고 끌어오게 해라. 힘들여 얻을 것은 없다. 자연은 자연스레 얻게 된다. 즐겨 행하라. 과실은 때에 맞춰 자란다.

상상하라 다 얻어 느껴 기도하라. 소명감으로.

버티고 버텨라
견뎌 버팀은 인간의 미덕이다. 세상에서 힘들고 어려울 때.

post-truth

2016년도 옥스퍼드에서 정한 올해의 단어는 post-truth다. 단어 앞에 post가 붙으면 후기라는 의미다. 포스트 모더니즘을 후기 모더니즘이라고 칭하는 바와 같다. 그런데 옥스퍼드가 주목한 신조어에 쓰인 post는 통상적인 후기의 의미가 아니다. post-truth란 진실과 전혀 무관하게 개인이 믿고 싶은 것만 선별해서 믿음을 가지는 현상을 말한다. 실체적 진실과 선을 묻지 않고 거짓과 진실을 구분하려 들지 않는 현대인이 자신이 알고 싶고 듣고 싶은 것들만 보고 느끼려 드는 현실을 풍자한 것이다.

서비스 산업의 발달

한때 선진국의 산업 특성으로 제3차 산업, 서비스 산업의 비중이 가장 높다는 것을 꼽은 적이 있다. 신뢰로 믿음을 줘야 한다. 계약할 때만 정성을 보이다가 계약 이후에는 나몰라라하니 소비자가 다시는 그 서비스와 연결된 상품을 구매하려 들지 않는다.

부가가치 높이기

 밀가루를 빵으로 만들라. 사실을 기록하고 느낌과 코멘트를 붙여라. 검색으로 발견한 글은 가능하면 줄여라. 독자의 시간을 훔치는 우를 범하기 쉽다. 가치란 그것만이 가진 독창성과 특별함에 부여한 의미다.

감추는 미덕, 드러내는 용기

어느 선까지 감춰 배려하고, 어디까지 드러내 도움과 응원을 끌어내야 지혜롭다할 것인가. 지금 상태를 침묵으로 버텨 호전될 상황이 아니라면 과감하게 자기의 치부를 드러내는 용기도 필요하다. 그대가 믿을 만한 전문가라면 용기를 내는데 주저하지 말라.

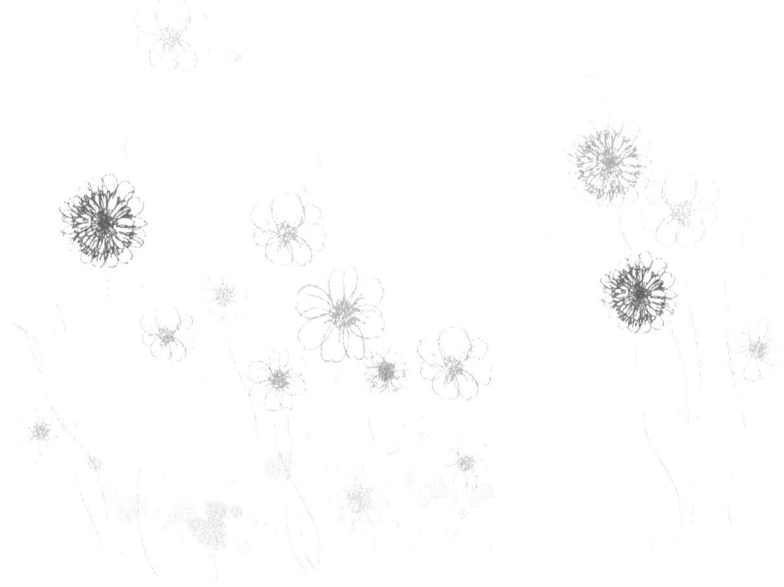

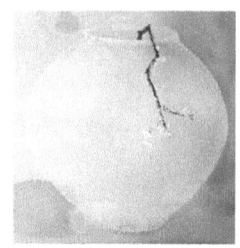

유화그림: 작가 김연희

그대와 삽시다

인 쇄 | 2021년 10월 20일
발 행 | 2021년 10월 15일
지은이 | 김연희 · 이승재
펴낸이 | 김동명
펴낸곳 | 도서출판 창조와 지식
인쇄처 | (주)북모아

출판등록번호_제2018-000027호
주소 | 서울특별시 강북구 덕릉로 144
전화 | 1644-1814
팩스 | 02-2275-8577

ISBN 979-11-6003-376-2 (03800)

정가 13,000원

이 책은 저작권법에 따라 보호받는 저작물이므로
무단 전재와 무단 복제를 금지하며,
이 책 내용을 이용하려면 반드시 저작권자와 도서출판
창조와 지식의 서면동의를 받아야 합니다.
잘못된 책은 구입처나 본사에서 바꾸어 드립니다.